번역과 일본의 근대

차례
Contents

번역, 서양문명을 수용하다

1868년 '메이지[明治] 유신'이라고 하는 일본 근대사의 새로운 장이 열리면서 일본에 대한 세계인들의 시각은 달라졌다. 중국의 아류, 혹은 '해 뜨는 동쪽의 나라' 조선이라는 반도 국가 옆의 조그만 섬나라 정도로 평가되거나, 단순히 동양에서 유일한 네덜란드의 설익은 친구 정도로 인식되었던 나라 일본이, 크게 변하는 계기를 맞은 것이다. 그것은 전 세계가 놀랄 정도로 자기 변신을 쉽게 해내는 일본에 대한 감탄이라고도 할 수 있었다.

이 책은 그와 같은 놀라움을 일본의 근대 번역어 연구 속에서 새롭게 조명하고자 하는 의도로 구상되었다. 필자는 메이지 시대 새로운 서양식 자본주의 문명을 수용하는 과정에서 일본의 언어문화도 급속하게 변하였다는 관점에서 논지를 출발하고자 한다. 바로 그 관점에서 메이지기 번역한자어도 서구 언어에 대한 새로운 동경으로서 '제2의 창작'을 꿈꾸었다는 것을 밝히고 싶다. 이 책은 순전히 그와 같은 일본 언어의 놀라운 변신에 대해 진단하는 것에서 출발한다.

1870년대 서구자본주의 문명을 적극적으로 수용해야 한다고 주장하였던 일본의 문명개화론자들은 서구식 문명인 과학 지식을 수용하는 한 과정으로서, 번역이 가지는 의미에 많은 관심을 가지고 있었다. 그들은 '번역'이 타자로서의 서양문명을 수용하는 과정에서 일본 고유의 문화를 새롭게 변화시키는 종합 인격체로서, 자본주의 문명의 일본식 근대화를 완성한다고 생각했다. 즉, 번역 그 자체는 단지 서구자본주의 문명의 개념과 사상을 수용하는 지적인 행위에 그치는 것이 아니라, 그 과정에서 이루어지는 타자와의 대화를 통해 자기 정체성을 자각하는 문화적 실천이라고 이해하고자 했던 것이다.

여기에서 말하는 메이지 초기의 번역이라고 하는 화두는 일본의 근대화 과정과 분리하여 생각할 수 없다. 서양사회를 모범으로 하는 전제 중의 하나가 바로 서양문헌에 대한 번역이었기 때문이다. 동시에 그토록 짧은 기간에 문화의 거의 모든 영역에 걸쳐서 고도로 세련된 번역을 완성했다는 것 자체가 일본 사회가 가지고 있는 역사적 경험과 언어학적 수단, 지적 능력의 놀라운 경지를 검증한 것이라고 할 수 있다.

이는 곧바로 근대 자본주의 문명을 수용하는 과정에서 일본의 역할에 많은 부담을 가져야만 했던 한국의 상황과 비교되기도 한다. 당시 동양사회에서 수용한 자본주의 근대화론의 담론은 사실상 스펜서(H. Spencer)류의 '사회진화론'이 주도한 것이었다. 또한 한국의 문명 수용은 후쿠자와 유키치[福沢諭吉] 등의 일본 사상가들이 번역한 문명주의 관점을 절충적으로 이식한 것이라고 할 수 있다. 필자는 이 부분에 관심을 가지고 서구식 근대화 과정에서 일어난 한국과 일본 간의 번역어 교류 및 수용 과정에 대하여 언급하고자 한다. 이를 기초로 하여 실타래처럼 얽혀있는 한국의 근대화를 있는 그대로 객관화할 수 있는 길을 열 수 있을 것이다.

이 책은 4개의 장을 통해서 일본의 번역어 문제를 '신조어'를 만들어내는 천재들에 대한 고찰이라는 관점에서 분석한다. 우선, 메이지 시대 초기의 시대 상황을 근대화에 초점을 두고 전개하고자 한다. 그 속에서 등장하는 전통주의와 근대주의적 관점은 '메이로쿠샤' 회원의 활약을 중심으로 서구식 자본주의 문명이 이식되는 과정으로서 소개된다. 이런 과정이 바로 서구어 번역 작업이 가지고 있는 문명개화론적 핵심을 명쾌하게 지적하는 것이라고 판단하기 때문이다. 당시 젊은 '메이로쿠샤' 회원들의 번역 연구는 그 자체가 바로 서구문명에 대한 동경이며, 연미복 차림으로 서구식 모닝 커피를 즐기던 일본의 반항아, 모던 보이들의 낭만주의이고 자유주의였던 것이다. 이 책에서 서양을 지향하는 이들 지식인들의 번역어로서 '사회, 자유, 권리, 개인, 민본주의, 활동사진' 등을 소개하는 것도 이와 같은 배경을 가지고 있다.

필자는 이런 문명개화론이 번역 작업에 미친 영향을 객관적으로 보여주고자 메이지 시대 일본 사회의 여러 풍경과 풍물을 당시의 삽화로 소개하고자 한다. 이것이 번역어를 통한 일본의 근대화를 이해하는 데 많은 도움이 되리라고 믿기 때문이다.

메이지기 ^{풍경}

일본 근대화의 시대적 배경

대체로 근대라는 개념은 봉건적인 사회구성과 상대적으로 대비되는 진보적인 측면에 대한 총칭으로 이해할 수 있다. 그러나 근대라는 개념이 근대화(modernization)라는 과정적인 측면의 어의(語義)와 결합하면, 이념적인 측면, 제도적인 측면, 실제적인 측면에서 그 이전 시대보다는 훨씬 더 많이 발전하고 있다는 역동적인 표현으로 이해될 수 있다. 일반적으로 고전적인 서구사회에서는 자본의 본원적인 축적과정과 시장경제의 창출, 합리주의·인간주의·자유주의 등의 사상체계, 교육에 대한 자연권적인 원리 등의 특징적인 요소들이 근대사회의 주요한 내용을 이루고 있다고 전제한다.

사실상 근대가 가지는 시간적인 개념은, 상대적으로 좀 더 발전한 특정 사회를 기준으로 고찰해 보면, 그 사회가 가지고 있는 역사적 상황을 해당 사회 이외의 사회가 가진 조건과 비교하여, 어떤 측면이 더 많이 발전·진보할 수 있었는지를 분석함으로써 이해·검증될 수 있다.

동양사회의 경우, 동양의 전통 사회 규범과 다른 새로운 이상으로서의 자본주의적 근대화를 누구보다도 먼저 고민하고 구상하는 주체 세력이 있었는데, 흔히 이들을 '문명개화론자'라고 하며, 주로 이들을 중심으로 서양 근대사상이 소개되었다. 그러나 이들이 소개한 '자본주의적 근대화'는 동양사회가 가지고 있는 이념적 질서와 구별된다는 측면에서 새로운 갈등을 초래하였다. 즉, 동양적 충효 전통사상이 가지는 이념적 준거를 시대 상황에 따라 변화할 수 있는 상대적인 기준으로 해석하고, 서양기술문명이 가지는 실증적인 구상이야말로 향후 동양사회의 믿음직한 발전 지표일 수밖에 없다는 논리로 발전시킨 것이다.

어쨌든, 그러한 측면에서 동양사회의 근대화란, 19세기 중반 서구자본주의 열강들이 중국에 대해서 무력적으로 간섭하는 일련의 사건을 배경으로 동아시아의 기존 질서체제에 커다란 변화를 일으켰다. 그래서 이 시기는 동아시아의 정신적·물질적 지주역할을 하고 있던 중국 중심의 사상양식(中華論的世界觀)이 크게 흔들리고 새로운 방향으로의 전환을 모색하던 시기라고 할 수 있다. 이것은 중국 봉건정부에 의존하고 있던 한국과 일본의 정치경제적 지배체제와 교육, 사회문화 등의 사상구조가 근대적인 세계체제로 재편되는 것을 의미한다.

근대라는 시간적 배경은 역사적인 상황과 맥락 속에서 근대화라는 과정을 추진하면서 이에 필요한 배분요소로서 정치·경제 등의 물적인 영역과 교육·문화·사상 등의 정신구조를 결합하는 전체상을 만들어낸다. 즉, 근대화란 국가가 서구식 발전 논리와 사상을 근간 요소로 하여 근대 자본주의 이념을 제도적으로 실천한다는 의미이기도 하다. 그러한 측면에서 일본의 근대화는 자본주의의 물적인 토대와 인위적으로 결합하는 동아시아의 독특한 사회구조를 완성함으로써 이루어진다.

한편, 서구자본주의 국가가 추진했던 문명론적인 사유방식은 당시 세계사의 발전논리를 근대화 혹은 서구화라는 사상개념으로 정리하려는 것이라고 할 수 있다. 특히 서구사상이 지니는 프로테스탄트적인 윤리의식은 중국을 비롯한 한국·일본 등 유교적인 질서의식에 커다란 반향을 불러일으켰다. 그것은 기존의 전통적 세계관, 즉 중국 중심의 동양주의적 사유방식과 갈등을 일으키면서도 일정 수준의 결합을 모색하는 탈구조화된 전망을 보이고 있었다. 그 당시의 동양사회에 있어서 서구열강의 자본주의적인 문명론은 자칭 세계사의 매개자 역할을 주도하고, 조정자의 위치를 차지하면서 동양적인 사유방식에 정면으로 도전하고 있었다. 그로 인해서 일본 역시 기존의 절대봉건적인 지배체제가 이의 대응에 주력하게 되었다. 바로 이 대응구조가 근대화를 추진해 가는 과정에 있어서 국민적인 통합기능과 전반적인 체제안정 기능, 그리고 서구자본주의적인 문명을 발전적으로 수용해내는 내면화 기능을 강조하는 관점이라고 볼 수가 있다. 여기에서 근대화와 관련된 국가체제의 변화과정, 즉 서구식 근대화의 역사적인 과제를 생각할 수 있는 것이다.

대체로 근대 일본의 문명개화는 서구식 자본주의의 전형적인 산물이라고 할 수 있다. 그러나 그와 같은 관점에서 볼 때 근대화를 추진하던 일본의 100여 년 전 상황은 서구자본주의 문명이 주도하는 이식문명사(移植文明史)로 한정해야 할 것이다. 즉, 서구식 문명의 수용은 동아시아 지역을 자본주의적인 사회구성으로 재편하고, 새로운 사회체제로 발전시킬 수 있다는 논리를 제공한 것이다. 그러나 그것은 자체의 전통적인 사회구조가 가지는 가치지향적인 요소를 배제한 단순논리라고 할 수밖에 없다. 그와 같은 오류에도 불구하고, 서구식 모델의 유교자본주의 혹은 문명개화론이라는 개념에 대해서 편견을 지닌 채 자의적으로 해석하려는 경향이 있었다. 필자는 동양식 근대화, 특히 일본의 문명개화에 있어서 이러한 논리를 극복하고 그와 구별되는 새로운 해결방식을 지향하고자 한다. 대체로 동양식 근대화에 있어서는 전통적인 사유양식이 지니는 체제 유지의 촉매제 역할로서 자본주의적 근대화를 위한 부국강병을 전제한다는 사실을 이해해야 할 것이다. 바로 이 관점이 일본의 근대화 과정에서 나타나는 보편적인 문명개화인 것이다.

그러나 일본의 근대화 과정은 세계주의적 관점의 보편적인 변화 추세와 완전하게 대응한다고 볼 수가 없다. 예컨대 일본의 근대화 과정은 전통적인 바쿠한[幕藩]체제를 무너뜨리고 메이지 정부가 주도하는 왕정복고식의 절대주의체제로 전환하는 것을 골자로 하고 있다. 당시 일본의 절대주의체제는 자본주의적인 토대가 취약한 과정에서 국가가 강제적 혹은 인위적으로 주도하는 방식으로 근대화를 추진해 나갔다. 즉, 일본의 절대주의체제는 정치적 지도집단이 관장하는 권위주의적 대응체제로서 왕정복고적 개혁 성격이 강한 사회구성과 사상을 설정한다. 그것은 곧 국가가 주도하는 군국주의적인 침략정책 속에서 교육상의 도덕의식을 확보하려는 것이다.[1)]

　사실 일본의 근대화 과정을 이해하기 위해서는 19세기 중엽까지 약 250년간 지속된 도쿠가와[德川] 봉건막부체제의 사회 변화와 교육·사상의 근대화 과정을 세계사적인 맥락 속에서 파악해야 한다. 이와 동시에 일본 사회의 발전 과정 속에서 보이는 외래사상과 토착사상, 지식인 계층과 평민 계층, 그리고 근대적인 사상과 전통적인 사상이 상호간에 보여주고 있는 특수한 결합·갈등·대립 관계를 검토·모색하는 과정에서 새로운 방향을 정립할 수 있다. 이를 통해서 일본의 근대화론과 관련된 특수한 역사·사회적인 조건을 사회와 사상의 근대화 자체가 지니는 보편적·원리적인 문제점을 검토하는 계기로 보고, 일본의 근대화가 지니는 새로운 방향과 전망에 대해서 제시할 수 있다고 본다.

신문명 개화 천지의 메이지기 일본

전통주의와 근대주의, 근대화론

사실상 일본의 근대화는 도쿠가와 봉건막부체제 말기 이후 1868년 메이지 정변을 거친 왕정제 이행기에 형성된 것이라고 할 수 있다. 즉, 이 시기 근대사상은 봉건제와 왕정제 간의 모순, 그리고 개국과 쇄국을 둘러싼 논쟁 속에서 형성되었다. 지식인 계층을 중심으로 국가적·민족적인 대내외 위기의식을 반영하는 '전기적 내셔널리즘'의 풍조가 발흥하고 있었다.[2] 이는 지식인 계층의 유교적인 교양과 진보적인 무사계급의 양학 중시 풍조가 결합하여 능력에 따라 인재를 개발하는 공론주의(公論主義)에 바탕한 존왕양이(尊王攘夷) 및 부국강병을 중심 사상으로 표현한 것이었다.

19세기 이전부터 일본의 지식인 중에서 서양문명이 지니고 있는 장점을 바탕으로 봉건막부사회를 개혁할 수 있는 요소들에 대해 논의하는 분위기가 형성되고 있었다. 이른바 일본 내에서 근대화 형성의 제1세대 지식인으로 불리고 있는 와타나베 가잔[渡辺崋山], 다카노 초에이[高野長英], 시마즈 나리아키라[島津斉彬] 등이 이런 흐름의 중심세력을 이루었다. 이들은 당시 봉건적인 도쿠가와 막부체제를 개혁하고 근대화를 추진할 수 있는 원동력이 부국강병책에 있다고 판단하고, 실학의 융성 및 인민무육(人民撫育) 등을 위하여 서양문명을 적극적으로 수용하는 개국 정책을 추진하였다. 그러나 이들 제1세

대 지식인들은 도쿠가와 막부정권의 탄압으로 인하여 자신의
개혁 논리를 제대로 추진하지 못하고 실패하고 말았다.[3]

　그 뒤를 이어서 막부체제 속에서 부국강병 원칙을 통하여
강력한 국가주의체제를 추진하고자 하는 새로운 세력들이 등
장하였다. 이들 제2세대 지식인들은 대부분 군사 부문의 개혁
에 관심을 보이는 무사 출신 집단으로서 사쿠마 쇼잔[佐久間
象山], 요코이 쇼난[横井小楠], 마키 이즈미노카미[真木和泉守]
등이 대표적이었다. 이들은 외세배척을 중심 사상으로 하는
양이론(攘夷論)에서 서구문명을 적극적으로 수용하고자 하는
개국론(開国論)으로 전향하고 있었다. 그래서 일본의 전통적
인 유교사상에 대한 재해석을 통해서 서양의 사상·문화와의
접합을 모색하고, 이를 통해서 일본 사회의 근대화를 추진하
고자 하는 절충적·과도적인 성격의 개혁을 지향하고 있었다.[4]
이들 제2세대 지식인들의 개국에 대한 논의는 이후 요시다 쇼
인[吉田松陰], 하시모토 사나이[橋本左内] 등 국수주의적 정한
론자(征韓論者)[5]들에게 계승되어 메이지 정변의 발발 원인으
로 작용하였다.

　대체로 일본의 근대화 과정은 메이지 정변을 계기로 하여
자본주의적 발전 단계로 나아가는 것으로 보고 있다. 이와 관
련하여 일본 연구를 주로 하는 서양의 학자들은 일본의 메이
지 정변 등을 비서구 지역에서 근대화에 성공한 유일한 모델
로 긍정적인 평가를 하고 있다. 파싱(H. Passin)은 이 문제와
관련하여 다음과 같이 설명한다.

우리는 지금 근대화를 추진하면서 개발 도상 중에 있는 비서구 제국에 커다란 관심을 보이고 있다. 그리고 일본이 야말로 그 중에서도 근대화를 처음으로 계획하고 또 성공했던 유일한 국가이다. …… 일본이 (비서구 국가로서 자본주의적 근대화에) 성공했다는 사례 자체가 (아시아·아프리카·중남미를 포함하는) 오늘날의 모든 신흥국들도 (그와 같이 노력하면) '근대화'를 달성할 수 있다는 가능성을 보여 주었기 때문이다.[6]

파싱의 이 견해는 대체로 일본이 제3세계 혹은 동아시아 여타 국가들의 근대화 과정의 발전 모델이 되고 있음을 표현한 것이라고 할 수 있다. 파싱만의 견해뿐만 아니라 1960년대 대부분의 서양인 연구자들은 일본의 근대화에 대해 긍정적으로 인식하고 있었다. 대체로 일본 근대화의 중요한 추진력으로 제시된 것은 고도의 교육수준이었다. 근대화 과정에서 교육의 역할은 환경에 대한 비종교적인 태도를 확산시키는 것이며, 과학적인 사고를 지향하면서 서구문명과 관련된 정보를 취득하는 독서능력을 보급하는 것에 있다고 할 수 있다.[7] 따라서 지적인 차원의 근대화는 교육에 대한 양적·질적인 변화 정도에 달려 있다고 할 수 있다. 즉, 지적 차원의 근대화란 지적으로 검증할 수 있는 지식이 조직적으로 축적되고, 개인에 관계된 가치가 증가되며, 개인의 직업적·사회적·지적인 훈련에 관심이 집중되는 경향이라고 할 수 있다.

대체로 일본의 근대화는 부국강병이라는 국가적인 요청에 기초하여 구미의 선진문화를 섭취·수용하는 방향으로 추진되었다. 그래서 부국강병에 직접 이용할 수 있는 법제, 산업, 군사 등의 분야에 중점을 둔 반면, 서양문화의 근간이라고 할 수 있는 근대 합리주의 정신에 대해서는 의식적으로 회피했다. 이를테면 도쿠가와 봉건막부체제 속에서 근대화를 지향했던 사쿠마 쇼잔의 '동양도덕·서양예술', 요시다 쇼인[吉田松陰]이 주장한 '화혼양재(和魂洋才)' 등의 개념은 일본적 전통 속의 근대성을 표현하는 것이었다.[8] 일본의 근대화가 지니는 외형적·형식적인 측면은 법제·산업·사회 등의 측면에서 근대 국가의 체제를 정비하는 것이라고 할 수 있었다. 그러나 일본적인 정신세계 속에서 근대 합리주의 정신, 개인에 대한 자각, 인격·기본적인 인권 존중 등의 근대 서양사상은 1870년대 메이지 정변 이후에 수용은 되었으나 그다지 큰 작용을 하지 못하였다.[9] 그러한 측면에서 일본 근대화가 가지는 숙제의 핵심적인 요소는 외형적인 근대화에 비해 대조적으로 지체되어 있었던 의식 측면의 근대화를 끌어올리기 위한 과정에서 찾아야 한다고 할 수 있다.

문명개화론과 국수주의사상의 대립

　1868년 메이지 정변 이후 학제(學制)를 제정·반포할 시기까지 일본 내에서는 대략 실학주의·지식주의에 바탕한 양학사상과 인륜의 중핵으로서의 존왕주의적인 유학사상이 쟁점

화되어 있었다. 이는 문명개화의 조건 속에서 군신관계의 일
원적인 질서체제에 대한 공적인 충성심을 강조하는 황도주의
와는 상호 모순된 관계를 형성하는 천부인권·사민평등 이념
을 강조하는 계몽주의·자유민권사상이 대두한 것에서 비롯되
었다. 그러나 1870년대 후반에 들어서면 황도주의사상이 전통
유학과 존왕사상을 합체시켜 강력한 신민(臣民)을 형성할 수
있는 이데올로기로 등장한다. 이는 서구사상이 지니고 있는
자유주의적인 인간관을 부정하고 관료주의적인 군대조직의
사상과 상호 보완되는 성격을 가진 것이었다. 그리고 일본의
봉건막부체제를 붕괴시킨 신흥무사계층의 전통적인 황도사상
이 체계화된 것이라고도 할 수 있었다.

사실상 1880년대에 들어서면 문명개화론이 지니고 있는 실
학적 지식주의의 관은 유교적인 인간형성의 원리 및 덕교(德
敎)사상으로 인해서 그 정체성을 위협받는 위기에까지 직면한
다. 이는 민중의 덕성 함양을 위한 수신교육을 강조하고 이에
대한 법적인 지위를 보장하는 '개정교육령'(1880년 12월)과 '소
학교교칙강령'(1881년 5월)을 제정하는 것으로부터 비롯하였
다. 그런데 이미 '개정교육령' 등을 선포·시행하기 이전에 이
와 관련하여 황도주의사상을 고수하는 몇 가지 논문들의 주장
이 결정적으로 작용하고 있었다. 1878년에 발표한 「교학대
지 敎學大旨」는 봉건적 유교주의, 즉 황도주의의 관점에서 실
학주의사상을 비판한 대표적인 사례라고 할 수 있었다.

그 (실학주의의) 유폐(流弊)는 인의충효를 뒤로 하고 양풍(洋風)으로 취하는 데에 있다. …… 교학(敎學)의 요는 조종(祖宗)의 훈전(訓典)에 기초하여, 오로지 인의충효를 분명히 하고 도덕의 학은 공자를 주로 하여 성실품행을 존중한다.[10)

메이지 정변 이후 일본 정부는 자본주의화의 원리에 입각한 부국강병, 문명개화 등의 슬로건을 내세웠다. 그러나 이 슬로건들은 앞의 인용에서 보는 바와 같이 당시 봉건적 후진성을 지니고 있던 일본 사회의 기존 제도적인 틀에서 탈피하여 구미자본주의 열강들의 기계기술·문물제도·문화사상을 수용하기 위한 근대화 수용논리를 전제로 하고 있었다. 특히, 메이지 정부가 추진하고 있었던 부국강병 정책은 후진적인 산업사회가 지니고 있었던 한계점을 극복하고, 그 나름대로의 인프라 구조 속에서 후발 산업사회가 추진하는 원시적인 자본 축적, 식산흥업의 터전을 구축하는 것이기도 하였다. 그래서 당시 문명개화론자들은 전통적인 유교주의적 존왕론의 형식 체계와 서구사상이 지니고 있는 문명개화사상의 내용 체계를 융합·절충하는 방향으로 황도주의사상을 완성하고자 하였다.

학제를 반포할 당시 이를 주도한 개혁사상가들은 신분제의 불평등을 부정하는 실학적 지식주의의 관점에서 출발하였다. 그들은 "연습(沿襲)의 습폐(習弊)인 사장기장(詞章記章), 공리허담의 교학을 배격하고, 일용상행(日用常行)의 언어서산(言語書算)을 비롯하여 실용적인 학문을 중시"하고자 하였다.[11) 1880

년에 제정한 개정교육령도 인의충효의 존왕주의적인 유교윤리를 인격 형성의 중점으로 두고, 이에 바탕하여 덕교사상을 육성할 수 있는 교칙(敎則)을 제정하는 기반이 되었다. 1880년 12월 당시 문부경[문부대신] 후쿠오카 다카치카[福岡孝悌]는 훈시를 통해 수신을 중시하고 존왕애국의 지기(志氣)를 양성하는 방침을 구체화하기도 하였다.12)

이는 덕교(德敎)사상을 국가사상의 기본 방침으로 삼고자 한 모토다 나가자네[元田永孚]가 존왕 유교주의를 국가 정신의 기본 교육으로 상정하는 것에서 잘 드러나고 있다. 그는 「교학대지」에서 다음과 같이 주장하였다.

> 열국의 모욕을 받지 않고 의연하게 국가가 설 수 있는 것은 궁극적으로 지향하고 있었던 바이다. 이것은 …… 우주 내에 초월하여 있는 황실을 섬기는 것으로 통한다.13)

모토다는 교육과 정치를 구별하여, 과학은 순수하게 기술적·중립적·비정치적이라는 관점에서 천황제 중심의 유교윤리를 확립하고자 하였다. 그는 『국교론 國敎論』을 통해서 여타 종교에 대한 배척적인 태도를 분명하게 드러내고, 천황제로 절대 귀일해야 함을 주장하였다. 이는 1880년 이후 니시무라 시게키[西村茂樹]의 '일본도덕론'으로 계승되어 봉건적인 도덕성을 기초로 하는 존왕주의적 수신 교과서를 편찬하는 계기로 작용하였다. 당시 일본 교육은 충효사상을 육성하는 과정이 비합리적·정서적·심리적 측면으로 이루어지고, 국민에게 전통적·봉건적인 가부장적인 충성을 강요하고 있었다. 이런 측면에서 당시 일본의 교육사상은 정신적으로 협애하고 배타적인 국가주의로 연결되어 '의사 가족주의(사이비 가족주의)'적인 국가 교육에 흡수되는 신민 양성 이데올로기를 지향하고 있었다.[14]

그런데 당시 국가주의사상은 자유민권사상의 진보적인 이념성과 국학·신도사상이 관철하는 보수적 성향이 복합적으로 작용하고 있었다. 문명개화와 관련된 자유민권사상은 1874년 「민선의원설립건백서」를 통해 메이지 신정부의 유사 전제주의적인 속성을 비판하는 것에서 시작하였다. 이는 당초 상류 지식인·무사 계층의 자유주의적인 풍토를 반영하는 형식으로 출발하였지만, 이후 대중민권운동으로 발전하면서 사민평등, 천부인권론, 국민주권 등의 개념을 확산시키는 계기를 마련하였다. 이와 같은 자유민권사상은 메이로쿠샤[明六社] 중심의 계몽사상을 근거로 하여 이타가키 다이스케[板垣退助], 나카에 조민[中江兆民], 우에키 에모리[植木枝盛] 등이 주도하였다.

한편, 이와 같은 자유주의적인 문명개화론에 대처하기 위한 수구적 체제론자들의 사상관은 「교학대지」에서 잘 나타나고 있다. 「교학대지」는 모토다 나가자네가 칙령 형식으로 기초적인 틀을 마련하여 오상오륜 중심의 유교주의 교육을 강화한 것이었다. 「교학대지」를 계기로 해서 자유민권사상을 비판하기 위한 보수반동사상이 등장하게 되었다. 이런 사례는 미국식 자유주의 교육정책을 수용하고자 했던 다나카 후지마로[田中不二麿]의 '자유교육령'(1879년 9월)에 대한 개정 논쟁에서 첨예하게 드러나고 있었다. 자유교육령은 구미 사정에 능통한 다나카 후지마로가 미국인 머리(Murry)의 의견을 참조하여 작성한 것으로, 학구제·독학제 등의 폐지를 골자로 하는 지방분권적 경향을 중시하는 것이었다.15) 그러나 자유교육령은 학교설치와 관련된 문제, 저열한 교육내용을 갖춘 사립소학교의 격증, 취학률 문제 등으로 보수적 관점의 교육계로부터 강력한 비판을 받기 시작하였다.

근대화 과정과 문명개화론의 위치

일본 근대화의 주요인은 내재적인 계기가 아니라, 세계자본주의체제에 편입하는 외압을 통한 국제적인 계기가 훨씬 중요한 요소였다는 지적이 일반적이라고 할 수 있다. 그런데 이미 메이지 시대 지식인들은 근대화의 외발적인 계기가 갖게 되는 파행과 곡절을 상당히 우려하고 있었다. 물질문명과 서구중심의 사고방식이 일본의 근대화와 근대교육구조를 압도하여 내부적인 중심-종속체제를 형성하는 것을 나쓰메 소세키[夏目瀬石]는 다음과 같이 말하고 있다.

지난날 우리[일본]는 삼한·중국(三韓·中國)풍의 외국문화를 수입한 적이 있었는데, 그 이후는 비교적 오랫동안 내발적인 개화를 진행하였다. …… 그러나 어느 순간부터인가 일본의 개화는 급격하게 곡절(曲折)하였다. 그리고 내발적으로 진행해온 과정이 갑자기 자기 본연의 능력을 상실하고 무리해서라도 외부로부터의 압력에 따라야만 했다. …… 결국 일본은 경쟁 등으로 초조해야만 하는 …… 야만시대를 맞이해야만 했다.16)

나쓰메가 보는 관점에서 서구의 근대화는 내적인 자기 필연성을 가지고 있지만, 일본의 근대화는 외압 그 자체가 일본의 전통구조와 올바르게 결합하지 못한 채 모순과 파행만을 자초했다는 것이다.

국제적 계기론자(외발론자)는 근대화를 위한 서구의 교육구조 혹은 공교육체제를 수용하는 과정 자체가 일본근대교육의 독자적이며 주체적인 대응과정이었다고 주장한다.17) 그런 측면에서 반식민지의 위기를 탈피하기 위하여 메이지 정부의 국민의식교화에 호응하는 일련의 개혁정책을 수립한다. 전통적인 바쿠한체제 속에 이미 봉건적인 외형과 근대화라는 내용이 공유되어있다는 관점은 일본을 세계자본주의체제에 편성시키는 필연적인 과정으로 해석해야 할 것이다. 일본 사회가 제국주의적인 세계재편의 과정에 주체적으로 대응하는 과정을 강조하는 이면에는 시바하라가 부분적으로 수용한 제국주의적인 변화가 합리적으로 설명될 가능성이 있다. 즉, 국제사회에서의 적자생존(適者生存), 우승열패(優勝劣敗)의 법칙을 전면적으로 긍정하는 신사회진화론(新社会進化論)의 교육원리임

이 분명할 것이다.

근대화론이 가지는 긍정적이고도 주체적인 계기가 강조된다고 해서, 일본의 자본주의 문명이 가졌던 이데올로기적 교화, 사회의 전반적인 가치에 대한 통제정책 등 일본의 팽창주의적인 국가사상을 약화시킬 수는 없다. 오히려 일본의 근대화 자체가 서구열강에 의해서 강제적으로 추진된 외압상태였다는 측면에서 일본의 근대화가 가지는 불구 상태가 올바르게 지적되어야 한다. 바로 그러한 상태에서 상대적으로 인접한 한국·중국에 대한 일본의 대응은 왜곡과 오류로 일관하는 불투명한 문명론을 제안하는 것으로 볼 수 있다.

일본의 근대화는 중세적인 봉건막부체제를 해제하고 왕정복고에 바탕한 메이지 절대주의체제 속에서 기본적인 틀을 마련하게 된다. 그것은 교육·군대·산업·교통 등의 측면에서 국민적인 관계성과 근대적인 제도들을 정착시키는 것을 의미한다. 대체로 봉건적인 계급제를 폐지하고 중앙집권적 구조체제를 강화하는 과정 속에서 메이지 정부는 자신의 위치와 입장을 확정한다. 이와 같은 과정이 교육적인 의미로 변화할 때 두 가지 측면의 교육상이 반영된다. 그 하나는 메이지 정치집단이 자기 자신들의 지배체제를 확립하여 나가는 과정에 있어서 지배엘리트의 세계관을 국민적인 교화수단으로 확립해가는 '문명일원주의'의 교육론이라고 할 수 있다.[18] 다른 하나는 메이지 정부가 근대국가를 건설한 그 수준을 검증할 수 있는 근거로서 대외침략주의, 식민지 경영이라는 대외적 상관관계를

평가하며 국가가 주도하는 교육구조라고 할 수 있다.[19]

일본의 근대화와 관계하는 사회 구조와 그 사상은 국가가 어느 정도의 수준과 역할을 향유하는가의 문제로 연결된다. 그것은 일본의 근대 자본주의체제가 지니는 다양한 구조를 재평가하는 관점이기도 할 것이다. 메이지 정부의 절대주의체제를 근대화 이념의 보편성 속에서 찾는다는 관점은 곧 문명개화사상을 사회사상의 총체적인 구조 속에서 파악하는 의미이기도 할 것이다. 이런 측면에서 일본의 근대화론이 지니는 전체적인 개념 구조는 표면상의 결과 이외에, 서구로부터 사상을 수용하는 과정적인 측면도 주목되어야 할 것이다. 그것은 표면상 서로 모순하고 착종하는 일본 근대 자본주의 문명개화론을 국가 주도의 사회개혁론으로서 총체적인 구조로 파악하는 계기가 될 것이다.

조어의 인물들―'메이로쿠샤'를 중심으로

1874년 2월 미국에서 돌아온 모리 아리노리[森有礼]가 처음 건의한 것을 계기로 니시무라 시게키 등은 계몽적인 학술결사로서 '메이로쿠샤'를 정식으로 발족시켰다. 메이로쿠샤의 기관지 『메이로쿠잣시 明六雜誌』 제1호에서 니시무라는 학술 문예에 관한 탁견과 고론을 통해 우매한 민중의 눈을 뜨게 해야 한다고 주장하였다. 메이로쿠샤는 니시무라가 말한 것처럼 당대 일류 지식인들이 참가하여 결집한 메이지 초기의 유일한 학술결사였다.

　메이로쿠샤 회원은 발족 당시 니시무라 시게키, 쓰다 마미치[津田真道], 니시 아마네[西周], 나카무라 마사나오[中村正直], 가토 히로유키[加藤弘之], 미쓰쿠리 슈헤이[箕作秋坪], 후쿠자와 유키치, 스기 고지[杉亨二], 미쓰쿠리 린쇼[箕作麟詳], 모리 아리노리 등 총 10명이었다. 그 후 회원 수도 대폭 늘어 창립 1년이 되는 1875년 2월에는 약 30명의 회원이 참여하였다. 기관지 『메이로쿠잣시』는 1875년 11월까지 통권 43호가 간행되었는데, 그동안 회원들이 집필한 백여 편의 논설은 정치, 경제, 법률, 사회, 외교, 종교, 역사, 교육, 자연과학 등 여러 영역에 걸쳐 있었다. 메이로쿠샤는 1875년 11월 『메이로쿠잣시』가 간행정지되면서 해산되었지만, 메이로쿠샤가 지닌 학술 단체로서의 성격은 미국의 교육학자로 당시 문부성 학감을 지낸 데이비드 머레이(David Murray)의 건의로 1879년 11월에 성립된 '도쿄학사원회'(제국학사원의 전신)에서 발전적으로 계승하였다.

　당시 메이로쿠샤 회원의 공통점은 다음과 같이 이해할 수 있다. 첫째, 그들 대다수는 메이지 정변 이전의 막부 관료 출신으로서 '한쇼구라베죠[蕃書調所]'[20]에 소속된 인물들이었고, 주로 외국어 중심의 신지식을 가지고 막부 정부에 참가했다. 그러한 이들이 메이지 정변 이후에는 사상을 전환하여 메이지 정부의 신 관료로 등용되어 메이지 입헌정치체제를 형성하는 데 중요한 역할을 하였다. 둘째, 그들은 공통의 지적 재산이었던 한학(漢学)의 소양을 기초로 하여 서양의 신지식을 습득하였다. 즉, 실학의 담당자라는 지적 기술관료로서 형이상학적인 관점에서 동서양 사상의 이질성을 탐구하고, 실학적인 유효성의 관점에서 서구 신지식을 섭취하려고 하였다. 셋째, 그들은 거의 메이지 신정부의 관료이거나 혹은 정부 고급관료와 개인적으로 친밀한 관계에 있었다. 그런 의미에서 그들은 조야를 불문하고 메이지 신정부를 움직이는 '천하의 명사'라고 할 수 있었다. 그래서 그들은 사회를 인식하고 개혁하기 위해 전통적인 유교 질서는 물론 서양문명이 지닌 선진적인 지식까지 소화한 '백과전서파'라고 할 수 있었다. 그런 의미에서 메이로쿠샤 회원들은 사실상 막부 말기부터 메이지 초기에 이르기까지 계몽사상가 이상의 집단은 아니었던 것으로 이해할 수 있다. 이 집단에 속한 지식인들이 이후 지속적으로 일어나게 되는 '두 차례의 국제 전쟁'(청일전쟁과 러일전쟁)은 물론 그 이전의 개혁파 관료의 세력 간 승부였던 '정한론 논쟁'과 '세난센소[西南戦争]'까지도 간과하는 오류를 범하고 있는 것에서 이를 짐작할 수 있다.

그러나 이들 메이로쿠샤 회원들이 결정적으로 갈등하면서 서로 분열하고 해산까지 이르게 된 직접적인 경위는 당시 추진하고 있던 서구식 의회 민주주의를 수용하고자 하였던 민선의원 건립과 관련된 찬반 논쟁이라고 할 수 있다. 이는 한 마디로 말하면, 새로 집권한 메이지 신정부에 대한 성격 규명과도 연관되는 것이며, 이에 대하여 국가 중심적인 체제의 구축,

혹은 서구식 의원내각제 형태의 민주주의 실현 등 여러 가지 측면과 관련된 논쟁이라고 할 수 있다.

이에 대한 논쟁을 일본 역사가들은 전자를 국권 중심주의, 후자를 민권 중심주의로 해석하여 국권론 대 민권론 간의 대립으로 이해하는 경향이 있다. 그것은 서구식 민주주의 이념을 일본 내에 실천하려고 했던 '민권주의자'와, 한국·중국 등 인근 국가에 대한 대립·긴장 관계를 중시하고 팽창주의적 경향을 강조했던 메이로쿠샤의 주도적인 '국권주의자'들의 대립이었다. 이런 관점에서 1875년 당시 계몽적 사상가들로 구축되었던 메이로쿠샤도 '민권 대 국권'이라고 하는 이분법적인 대립 논쟁에서 벗어날 수는 없었다. 이미 대부분의 계몽사상가들이 온건적 입장의 민권주의자 입장에서 프랑스 계몽주의와 영국 공리주의를 수용하면서도, 전통적인 황도주의 입장에서 강조하고 있는 천황제 중심의 계몽전제주의를 무시하기는 상당히 어렵다는 것이 당시 상황이었다고 이해해야 할 것이다.

이미 메이로쿠샤는 출발 당시부터 정한론을 주창했던 에토 심페이[江藤新平], 사이고 다카모리[西郷隆盛] 등의 국권론자들의 논의를 전면 거부할 수 있는 분위기는 아니었다. 이미 가토 히로유키가 사이고가 주장한 국권주의적 입장에서 천황제의 발전을 주장하면서, 니시 아마네 등이 일본식 민주주의의 후진성과 유신개혁의 당위성을 주창한 것이 서구식 계몽주의 논리를 흔드는 것이라고 할 수 있다. 그런 측면에서 『메이로쿠잣시』 후반기 간행호들의 타이틀을 장식한 후쿠자와의 '국권론'은 메이지 천황제의 기본 이념을 확고하게 해준 계기라고 할 수 있다.

그런 측면에서 메이로쿠샤 회원들이 수용하고 있는 서양문명에 대한 이해는 관점에 따라 서로 달랐다고 할 수 있다. 국권주의적 관점이 강했던 가토 히로유키와 니시 아마네 등은 사회진화론 및 독일식 국가주의사상에 기초한 개념에 대한 번역을 중시하였다. 반면에 니시무라 시게키, 나카무라 마사나오 등은 민권주의적 관점에서 인간의 민주주의적 생활 원리 등에 대한 관심을 가지고 있었다. 그런 측면에서 동일한 메이로쿠샤 회원이라고 해도 사상적인 유형에 따라 관심 영역이 달랐으며, 그것은 곧바로 서구문명에 대한 번역 사업에서도 서로 대립하는 쟁점을 가질 수밖에 없었다. 예를 들면, 가토 히로유키 등이 왕정옹호와 관련된 국제법 용어 번역에 관심이 많은 반면, 니시무라 등은 인권, 자유 등의 민주주의 개념, 서구식 개인주의 풍토에 얽힌 용어 해석에 많은 관심을 가지고 있었다.

그런데 그 중에서도 문명 번역과 관련하여 독특한 위치를 차지하는 인물이 바로 모리 아리노리와 후쿠자와 유키치라고 할 수 있다. 그 중 모리 아리노리는 민권은 곧 국권일 수 있다는 중도적 입장에서 독일식 국가주의문화를 수용하는 것에 관심이 많았다. 그는 사실상 독일을 중심으로 한 서구문명을 근대 한자어로 번역하는 일에도 열심이었지만, 서구 언어 그 자체를 원래의 의미 그대로 활용하기를 원했던 '국권적 자유주의자'라고 할 수 있다. 오늘날 일본 언어에 남아 있는 독일어식 표준어, 예를 들면 '제미(세미나)' 등은 사실상 모리 아리노리가 문부상을 역임한 시절의 신조어라고 할 수 있다.

한편, 후쿠자와 유키치도 국가주의적 관점에서 민권에 관심을 가진 문명개화론자라고 할 수 있다. 특히 후쿠자와는 미국의 독립혁명 당시의 민권사상과 유럽의 사회진화론을 수용하는 것에 관심을 가지고 있었다. 그의 번역어 작업 역시 그런 관점에서 당시 서구 언어를 일본의 한문학 표현 방식으로 절충하는 과정에 많은 흥미를 가지고 있었다. 후쿠자와는 동양의 전통적인 사상이 담고 있는 표현 그 자체를 중심으로 하여 서구 민주주의사상에 표현된 개념을 의역하는 것에 주력하였다. 예를 들면, 벤자민 프랭클린의 '민권사상'에 대한 명언을 동양의 전통적인 '인내천(人乃天)'사상에서 표현하는 부분으로 의역한 것이 그 실례라고 할 것이다. 결국 후쿠자와식의 번역 작업은 서구 언어를 동양의 일반 민중이 얼마나 잘 이해할수 있는가 하는 점에 기준을 두었다고 할 수 있는 것이다.

이와 같이 회원 간 이념 논쟁 속에서 메이로쿠샤는 해산될수밖에 없었다. 1870년대 후반 이후로는 일본의 계몽사상은 공리주의적 관점에서 국가의 이익을 중시하는 새로운 과제를 구상하게 되었고, 그래서 자유주의사상을 요구하는 '메이로쿠샤식의 민권주의는 더 이상 보기 어려운 상황이 되었다.

메이지기 신조어, 시대의 거울

메이지·다이쇼기의 일본 풍속을 더듬어 보면 거기에는 서구의 근대문화를 받아들이는 과정 속에서 생겨난 문화 현상들이 두드러지게 나타난다.

문명 개화기에서 비롯된 메이지기의 서구문화 풍조는 메이지 20년대(1880년대 후반)에는 자유민권운동으로까지 발전되게 된다. 이 시기를 일본에서는 보통 제1차 서양지향기라 부르고 있다. 제1차 서양지향기에는 외국어와 함께 한자어가 유행하게 되는데, 당시 유행하던 한자어는 메이지기 이전의 일본에는 없었던 개념이나 실체를 일본식으로 번역한 '번역한자어'였다. 이러한 번역한자어의 유행은 후에는 언문일치라는 새로운 문체를 만들어내기에 이르기도 한다. 이들 메이지기 번역한자어들은 일본어 가운데 주로 학문이나 사상의 용어를 나타내는 근대의 기본 용어로서 자리 잡게 된다.

그 후 청일전쟁(1894)과 러일전쟁(1904)을 거치면서 일본 국내에서는 낭만주의, 자연주의, 사회주의와 같은 신사조가 받아들여지게 되는데 이 시기를 제2차 서양지향기(메이지 30년대, 1890년대 후반)라 한다. 이 시기에는 제1차 서양지향기에 탄생된 언문일치가 정착의 단계를 맞이하며, 소학교에서 국정교과서를 사용하게 됨으로써, 표준어 성립이라는 근대적 국가의 틀을 갖추어가는 시기가 된다.

메이지 시대는 이와 같은 과정 속에서 급격한 어휘 변화를 겪게 되는데, 이렇게 증가된 단어는 '번역한자어'가 대부분을 차지하게 된다.21) 그런데 메이지기에 만들어진 신어 가운데는 계속 사용되지 못하고 폐어화된 것들도 있다. 예를 들면 '강증기(岡蒸氣)', '수시계(袖時計)' 등이 그렇다. 현재의 단계에서 이들이 왜 계속 살아남지 못하고 폐어화되었는지에 관해서는 더 많은 연구가 필요하다고 하겠다.

이상에서 언급한 바와 같이 메이지기에 만들어진 번역한자어들은 메이지기 세상을 투영할 수 있는 시대의 거울이라고 할 수 있을 것이다. 그럼 실제로 메이지기에 만들어지고 유행했던 번역한자어에는 어떠한 것이 있는지 살펴보도록 하자.

제1차 서양지향기(메이지 20년대, 1880년대 후반)의 번역어

이 시기는 메이지기 가운데에서도, 번역의 기운이 시대를

압도하던 때였다. '문명개화'를 시대의 화두로 삼았다고 할 수 있는 이 시기의 번역어들은 의식주에 관계된 외형적 문화를 번역한 것이 많았다. 이 시기에 만들어진 신어에는 돈타쿠(ドンタク),22) 스텟키(ステッキ)23)와 같은 외국어도 일부 있으나, 신문지(新聞紙), 혈세(血稅) 등과 같이 한자어를 이용한 번역어가 많았다.

이 시기에 등장한 신어는 당시 사회에 정착하기까지 상당한 시간이 필요했는데, 이러한 과정은 대부분 원어(原語)와 번역한자어가 대립되는 과정을 나타낸다. 예를 들면, police와 순사(巡査)가, telegraph와 전신(電信)이 대립되는 과정을 거치다가, 결국 번역한자어만이 살아남게 되는 것을 말하는데, 이는 근대라는 만민평등의 시대에 일본인 자신에게 익숙한 한자어로 사물을 표현하는 것이 사물을 인지하고 파악하는 데 보다 용이했기 때문이라고 해석할 수 있을 것이다.

사회(社會)

사회라는 말은 오늘날 학문, 사상 관련 분야에서는 물론, 신문, 잡지, 방송, 학교 등 사회의 각 분야에서 사용되는 단어이다. 이 단어는 영어의 society를 번역한 번역어이다. 메이지 8년(1874) 「일본동경일일신문」을 비롯한 여러 매체에서 활발하게 사용하기 시작했다고 되어 있으니24) 지금으로부터 130여년 전부터 사용되기 시작한 단어라 할 수 있다.

society라는 말은 매우 번역하기 어려운 단어였다.25) 그 이유는 『번역어성립사정 飜譯語成立事情』에서도 언급한 바와 같이 일본에는 society에 해당하는 단어가 없었기 때문이며, 이는 다시 말하면 일본에는 society에 대응할 만한 현실이 없었다는 것과 같다.

처음으로 일본에 society를 소개한 것은 1796년 네덜란드 일본어사전(『파유마화해 波留麻和解』)[26]에서인데, 여기에는 交ル (교제하다), 集ル(모이다)라고 번역되었다. 1850년대까지도 寄合(모임), 集合(집합)으로 번역되어 있으며[27] 1860년대에도 仲間(동료), 交リ(교제)로 번역되었다.[28] 일본어와 외국어를 대역한 대역사전으로 가장 많이 애용되었다고 하는 일본어 영어대역사전인 『화영어임집성 和英語林集成』(1867)에서도 society는 nakama(仲間, 동료), kumi(組, 한패), renchiu(連中, 무리), shachiu (社中, 동아리)로 번역되었다.

이상과 같이 일본어에 society가 처음 소개될 당시에는 그 의미가 개인적인 인간관계를 나타내는 의미로 번역되어 있음을 알 수 있다. 후쿠자와는 1868년 『서양사정외편 西洋事情外篇』에서 society를 '인간교제'라고 번역했다. 『서양사정외편』에서 후쿠자와는 society를 交際(교제), 人間交際(인간교제), 交リ (교제), 國(국가), 世人(세인) 등 다양하게 번역한 바 있다. 이 중에서도 교제(交際)나 인간교제(人間關係)는 자신의 다른 저서에서 많이 사용함으로써 세상에 널리 알려지게 된다. 후쿠자와가 society의 번역어로 '교제'와 '인간교제'를 사용함으로써 이들 단어들은 기존의 일본어에서 사용되고 있던 본연의 의미에서 약간 다른 차원, 즉 추상적인 단어로 변화하게 된다.

후쿠자와가 전혀 새로운 번역어를 만들어내지 않고 일본어에서 사용되고 있던 단어를 굳이 끄집어내어 사용한 것은 되도록이면 일본인의 일상적 언어생활에서 이해할 수 있는 단어를 번역어로 사용하려 했던 그의 배려였는지도 모른다. 현실과 동떨어진 말이 아니라, 현실에 살아있는 단어를 새로이 조작하고 조합함으로써 전혀 새로운 의미를 만들어내려는 그의 의도는 메이지기 번역어를 대표하는 번역가로서의 그의 배려와 고뇌를 느끼게 하는 부분이라고 할 수 있다.

1872년 나카무라 마사나오(中村正直, 1832~1891)는 J.S. 밀(1806~1873)의 『자유론 On Liberty』을 번역하여 『자유지리 自由之理』를 출판한다. 이 책에서 나카무라는 society의 번역어로 政府(정부), 仲間連中(동료집단), 仲間(동료), 人民の会社(인민의 회사), 仲間会社(동료회사), 会社(회사), 總體人(총체인) 등을 사용한다. 이렇게 많은 번역어를 생각했다는 것은 society에 대응하는 현실이 없었던 일본에서 겪어야 했던 번역의 어려움을 짐작하게 하는 대목이다.

일본에서 society의 번역어로 '사회(社會)'를 사용한 것은 1870년대 중반경으로 추정된다. 1875년 메이로쿠샤 잡지 30호에서 모리아리노리[森有禮]가 "작년 겨울이래 사회 연설의 법이 일어나니 비로소 'society'의 체제를 얻기에 이르렀으니"라고 이야기한 부분에서는 '사회'가 society의 의미와 거의 유사한 의미로 사용되고 있다. 1876년 후쿠자와도 『학문의 권장』에서 "영예가 정말로 허영이며, 앞에서 말한 의사의 현관이나 약장사의 간판과 같은 것이라면 당연히 그것을 피해야만 마땅하다. 그러나 한편으로는 사회에서의 인간관계는 모든 것이 허위로만 이루어진 것은 아니다."라고 말하고 있다.

이상을 통하여 society를 일본어로 어떻게 번역하는가 하는 데 있어 가장 어려운 문제는 개인적인 차원의 인간관계가 아닌, 개인적 차원을 넘어선 인간의 집합체라고 하는 근대적 의미의 society를 어떻게 표현해내는가 하는 데 있었다는 것을 짐작할 수 있을 것이다.

그렇다면 과연 한국에서는 언제부터 이러한 번역어로서의 '사회'를 사용하게 되었는가? 일본에서는 1870년대 society의 번역어로 사용되기 시작한 '사회'가 한국에서 사용된 용례가 보이는 것은 1890년대이다. 1895년 소학교 교과서에서 '사회'가 사용된 예가 있다.

사회(社會)에 폐풍(弊風)을 광정(匡正)ᄒ야 마ᄎᆷ내 위권 (威權)에 강성(强盛)홈 을.

『국민소학독본』(1895)

그러나 1891년 출판된 제임스 스코트(James Scott)의 『영한 사전』에는 society의 번역어로, '사회'는 보이지 않고 다만, '회,

되하다'라고 번역되어 있을 뿐이다. 즉, 1890년대 초반에는 아직 일반적인 정착의 단계에는 이르지 못하고 있음을 보여주고 있는 것이다.

이로 미루어 1870년대 일본에서 society의 번역어로 정착된 '사회'라는 번역어는 한국에는 이보다 20년 느린 1890년대에 수용되었고, 1890년대 중반에 들어 본격적으로 사용되었던 것으로 보인다.

자유(自由)

현재 우리가 너무나도 자주 사용하는 '자유'라는 단어도 메이지기 일본에서 새로이 만들어진 번역어이다. 영어의 freedom이나 liberty를 번역하면서 이전부터 사용되고 있던 '자유'를 근대적 의미로 전용(轉用)했다고 할 수 있다.

'자유'라는 말은 중국이나 일본에서 이미 오래 전부터 사용되고 있던 단어였다. 메이지기 이전의 일본에서는 '제멋대로'라는 의미로 사용된 '자유'가 많은데, 이로 인해 사람들은 '자유'라는 단어에 대하여 처음에는 좋지 않은 이미지를 가지고 있었다고 한다.29) 이러한 과정 속에서 1850년대 일본에서는 영어의 freedom, liberty, 네델란드어의 vrij, 프랑스어 libeal이 '자유', '자유로운', '걸리는 것 없는 것' 등으로 번역되면서30) 이전의 '자유'와 근대적 번역어로서의 '자유'가 혼재되는 현상이 일어나고, 이러한 현상은 바쿠후[幕府] 말기까지 계속된다. 그러나 메이지 시대가 진행되면서 서구의 번역어로서 사용되던 '자유'는 적절치 않은 번역어라는 것을 깨닫기 시작한다. 그래서 메이지 초기의 지도적 번역가들은 이 관념을 어떤 말로 번역해야 할 것인가를 놓고 매우 고심하게 된다.[31] 이러한 번역가의 고민은 1870년대까지 계속 이어져 freedom, liberty 의 번역어로 '자유' 이외에도 자주(自主), 자재(自在), 불기(不羈) 등 여러 형태의 번역어가 나타나게 하는 현상을 초래한다. 이러한 분위기에서 1872년 마카무라 마사나오의 『자유지리』가 출판되는데, 이는 '자유'라는 번역어를 좋든 싫든 freedom, liberty의 번역어로서 위치를 확고하게 만드는 계기를 제공한다. 그러나 『자유지리』를 출판한 나카무라 마사나오조차도 freedom, liberty의 번역어로 '자유'가 적절하지 않다고 여겨, 다른 저술서에서는 '자유'를 사용하지 않고 '관홍지(寬弘之)'를 쓰기도 하며, 때로는 원어 그대로 리버티를 사용하기도 한다. 그러다가 『메이로쿠샤잣시』 15호(1874)에서는 다시 다음과 같이 '자유'를 사용하기도 한다.

religious liberty, 종교에 관한 것. 인민 자신이 믿고 싶은 바에 따를 자유의 권리.

이러한 우여곡절을 거치면서 '자유'는 다시 freedom, liberty 의 번역어로 등장하게 된다. 어쨌든 『자유지리』의 출판과 그 애독층에 의해 '자유'는 freedom과 liberty의 번역어로 확고한 위치를 차지하게 된다. 여기에서 우리는 번역어의 생존에 대하여 이해할 수 없는 수수께끼를 가지지 않을 수 없게 된다. 그것은 위에서 본 바와 같이 freedom, liberty의 번역어로 여러 번역어가 난립하였는데 그 가운데 '자유'라고 하는 부적절한 어감을 가지고 있던 번역어가 승자의 위치에 서게 되었는가 하는 점이다. 이 점에 대해서는 여러 가지 견해가 있을 수 있겠으나, 한 가지 확실한 것은 어느 시대든지 가장 적절하다고 생각되는 번역어가 반드시 채택되는 것은 아니라는 점이다.

어쨌든 일본에서는 1870년대 중반에 여러 번역어를 물리치고 '자유'가 freedom, liberty의 번역어로서 위치를 공고히 했다고 한다면, 한국에서는 어떠한 상황에서 '자유'가 번역어로서 사용되게 되었을까?

한국도 일본과 마찬가지로 개화기 이전부터 '자유'를 사용하고 있었다. 『고려사』(1263) 『명심보감』(1236~1308)에서 그 용례가 보이는데, 이들 고전서적에서의 의미는 '남에게 구속받지 않고 자기 생각대로 행동하는 것'을 의미하였다.

徇事勢而勿亟姑且置於大度之外使自由於至恩之中竢其
民産之有恒漸爾土田之爱闢然後惟命永示好生.
사세(事勢)를 따라 급히 하지 마시고 아직 대도(大度)
밖에 두어 지은(至恩) 가운데 자유롭게 하소서. (『고려사』
25권)

休休休, 盖世功名不自由.

쉬고 또 쉬면 세상을 뒤덮을 기개와 공명으로 마음대로
는 못한다. (『명심보감』, 正己篇116)

일본과 같은 근대적 의미의 '자유'가 나타나는 것은 1880년
대 후반인데, 이는 박영효의 상소문(1888)과, 유길준의 『서유견
문』(1895)에서이다. 그러나 이렇게 시작된 번역어 '자유'의 사
용이 곧바로 한국어에 정착되지는 않은 것으로 보인다. 그 이
후 한동안 '자유'가 단독 명사로서 사용된 경우가 그다지 발
견되지 않기 때문이다. 1890년대 이후 자유라는 단어는 주로
'자유하다'라는 동사형이나 '자유권'이라는 파생형으로 사용
되고 있다. 즉, '자유'라는 번역어는 1910년대까지 단독명사로
서 사용되기에는 부자연스러운 단어였다는 것을 짐작하게 한
다.32)

1895 『國漢會語』 [자유당].

1897 『韓英字典』, Gale, 사전.

ᄌᆞ유ᄒᆞ다 s. 自由. To act independently.

ᄌᆞ유당 s. 自由黨. The governing body of a nation.
See 민권당; 하의당.

ᄌᆞ유지권 s. 自由之權. The power to govern
independently as possessed by congress, parliament etc.

1914년 한국어 대역사전인 『英韓字典』(Johns)에 비로소 freedom, liberty의 역어로 '자유'가 나타난다. 이러한 점에서 '자유'라는 번역어는 일본에서 1870년대에 번역어로서의 위치를 확고한 데 반하여, 한국에서는 1880년대 후반에 소개는 되었으나 사용되지 않다가, 1910년대에 이르러서야 일반인에 게까지 통용되는 수준의 단어로 확실히 정착하게 된 것으로 보인다.

권리(權利)

현재 right의 번역어로 사용되고 있는 '권리'는 번역어 가운 데에서도 가장 번역하기 어려운 단어였던 것으로 보인다.

이는 right가 한 가지 의미만을 가진 것이 아니기 때문인 점에 기인하는 것으로 추측되는데, 이러한 점은 다음의 후쿠자와의 번역을 보아도 잘 알 수 있다. 후쿠자와는 『서양사정이편』 (西洋事情二篇, 1879)에서 right를 다음과 같이 번역하고 있다.

right란 원래 정직하다는 의미이다. 또한 글자의 의미로 부터 추구하는 이치라는 의미로 사용하기도 한다. 또한 해 야만 하는 권(權)이라는 의미가 있다. 즉, 죄인을 꼼짝 못하 게 하는 것은 시민 순사의 권이다. 또한 당연히 소지할 것이 라는 뜻이 있다. 즉, 개인 소유의 통의라면, 소유하는 물건 을 소지할 통의라는 것이 된다. 이치 밖의 물건에 대해서는 내 통의가 없다는 것은, 도리에 맞지 않는 물건을 빼앗을 수 없다는 의미이다. 인생의 자유가 그 통의인 것은 사람은 태어나서 독립되어 매어있지 않고 속박을 받을 까닭도 없고 자유자재로 합당한 도리를 지닌다는 것이다.

즉, 후쿠자와는 right가 한 가지 의미로만 사용되지 않고, 여러 가지 의미를 가지고 있음을 설명하면서, '정직(正直)', '정리(正理)', '통의(通義)', '달의(達意)', '권(權)' 등 여러 번역어를 만들어 설명하고 있다.

1860년 이전까지만 해도 영어의 right는 물론 프랑스어 droit, 네델란드어 recht는 모두 '청렴한 것' 또는 '법령, 율령' 등으로 번역되고 있다.33) 이러한 와중에 1867년 니시 아마네[西周]가 도쿠가와 요시노부[德川慶喜]에게 제출한 개혁안에 recht를 '권(權)'이라고 번역하게 되고, 이것이 '권리(權利)'로 이어져, right의 번역어로서 널리 사용되게 된다.

첫째로는 금리의 권, 둘째로는 정부의 권, 셋째로는 모든 다이묘의 권입니다.

그러나 right를 '권리'로 번역할 경우, right의 본연의 의미와 맞지 않는다는 것을, 한학(漢學)에 조예가 깊었던 니시가 모를리는 없었을 것이다. 그러면 니시는 왜 right의 번역어로서 '권(權)', '권리(權利)'가 맞지 않는다는 것을 알면서도 사용했던 것인가? 그것은 right에 대하여 정확하게 그 의미를 이해하지 못했을 가능성과, right의 의미는 알고 있으나 적당한 번역어를 찾는 것이 매우 어려운 여건에서 어느 정도의 오류는 어쩔 수 없다고 여겼을 가능성으로 생각해 볼 수 있다.

즉, right의 본연의 의미는 도덕적인 올바름에서 시작된 인간이 가져야하는 것으로, 힘과는 대립적인 관계에 있는 말이면서도 일본에서는 이러한 본연의 의미와는 거리가 있는 힘을 나타내는 '권(權)'이 번역어의 자리를 차지하게 되고 만다. 이후 니시 아마네는 right의 번역어로서 '권'과 '권리'를 함께 사용하며, 대부분의 right의 번역어로 '권' 또는 '권리'가 사용되기 시작한다. 이는 '자유'의 항목에서도 언급한 바와 같이 번역어로 선택된 단어가 가장 적절한 표현은 아니라는 또 하나의 실례가 될 것이다.

적절하든 적절하지 않든 일본에서는 1860년대 후반부터 right의 번역어로 권리가 널리 사용되기 시작했다.

한편, 한국에서 번역어로서 '권리'가 나타나는 것은 1880년대 후반에 와서이다. 그런데 그 용례가 실록(實錄)이라는, 극히 일부의 국가 지도층 인사들이 사용하던 자료에서만 나타나고 있기 때문에, 이 사용례를 통해 일반에게까지 파급되었다고 보기에는 무리가 따른다.

일본 공사가 호위병을 파견하는 권리를 보류한다고 조회하다.(고종 22(1885) 6.8)

한국에서 '권리'가 right의 번역어로 일반적으로 사용되었다고 볼 수 있는 것은 1890년대 후반인데, 그 이유는 1890년대의 교과서, 신문 등에서 많은 용례가 나타나기 때문이다.

1895 『국민소학독본』 : 칭호는 각각 다르나 상대ᄒᆞ는 권리는 차등이 업ᄂᆞ니라
1895 『서유견문』 : 기독립자수(其獨立自守)ᄒᆞ는 기초(基礎)로 기주권(其主權)의 권리(權利)를 자행(自行)ᄒᆞ즉(則) 각방(各邦)의 권리(權利)는 호계(互係)ᄒᆞ 직분(職分)의
1896~1899 「독립신문」 : 님군의 권리를 쎗앗는 거시요 빅셩을 권리를 주는 거시니(1896.6.4)

자연(自然)

'자연'이라는 단어 역시 메이지기에 서구의 nature의 번역어로 탄생되었다. 하지만 '자연'이라는 단어는 nature의 번역어로 사용되기 전에도, 일본어에 존재했다. 더욱이 번역어 '자연'이 탄생된 후에도 기존에 사용되고 있던 '자연'도 그대로 사용되고 있었다. 즉, 메이지기에 '자연'은 근대적 '자연'과 전통적 '자연'이라는 2개의 의미가, 하나의 형태로 혼재하며 사용되고 있었던 것이다.

이 '자연'이라는 번역어의 의미에 대해, 기존의 의미와 혼동하여 잘못 사용하고 있는 예는 메이지기에 다수 나타나는데, 그 대표적인 예가 1889년 『여학잡지 女學雜誌』의 「문학

과 자연」을 통한 이와모토 요시가즈[嚴本善治]와 모리오가이
[森鷗外]의 논쟁이다. 이를 간단히 소개하면, 우선 이와모토 요
시가즈가 "가장 위대한 문학은 자연 그대로 자연을 투영할 수
있는 것이다.(最大の文學は自然の儘に自然を寫し得たるも
の也)"라고 한데 대하여, 모리오가이는 자연을 그대로 자연으
로 옮기는 것은 자연과학에 속하는 학문이 되며, 철학이나 문
학은 '자연'과는 다른, 정신을 옮기는 학문이라고 하였다.

즉, 이와모토의 '자연'은 번역어 이전의 기존의 자연의 의
미, 다시 말해 '자연히, 자연 그대로의'의 의미로 사용한 것이
며, 모리오가이의 '자연'은 번역어로서의 '자연', 즉 정신과 대
립하는 '자연'으로 사용한 것으로 보인다. 즉, 동시대를 사는
두 인물 사이에도 같은 '자연'을 두고 의미의 혼동이 발생하
고 있는 것이다.

그러면 기존의 '자연'과 번역어 '자연'에는 어떠한 의미의
차이가 있는가? 이는 기존의 '자연'이 '자연히, 자연스럽게'의
부사적 의미로 사용되며, 정신적인 내용을 포함하고 있는데
반해, 번역어 '자연'은 정신적인 것을 포함하지 않는 삼라만상
을 의미하고 있는 것이다.

메이지 초기 번역어 '자연'이 완전히 정착되기 이전에는 이
러한 의미의 혼동 과정이 있었으며, 이후 1890년대에 들어와
서야, 번역어 '자연'은 기존의 '자연'과 구별된 근대적 의미로
구분되게 된다.

오츠키후비히코(大槻文彦, 1891) 『일본국어사전』(言海):
자연(명) 자연, 자연스럽게 그렇게 되는 것. 천연.
자연히(부) 자연, 자연스럽게. 천연스럽게.

하지만 번역어 '자연'이 근대적 의미로 인식된다고 해도, 여러 분야에서 '자연'이 사용되고 있었기 때문에, 이를 혼동하는 사람도 많았다. 『번역어성립사정』에서 언급된 바와 같이, 번역어 '자연'을 사용 분야에 따라 나누어보면, 크게 '자연법 (自然法)'으로 대변되는 법률상의 용법과, '자연과학(自然科學)'으로 대변되는 과학상의 용법, 그리고 '자연주의(自然主義)'로 대변되는 문학상의 용법으로 나눌 수 있을 것이다.

이 가운데 '자연법'이라는 용어는 바쿠후 말기까지만 해도 '성법(性法)' 또는 '천률(天律)' 등으로 번역되고 있었다. 자연과학 분야에서는 nature의 번역어로 '자연' 대신에 '천연' '천지' '만물' 등이 사용되기도 하였다.

즉, '자연'은 nature의 번역어로서 1890년대 이전까지 기존의 '자연'과 혼동되며 사용되고 있었으며, 번역어로서 인정을 받은 1890년대 이후에도 그 사용 분야에 따라 '성법(性法)', '천률(天律)', '천연(天然)', '천지(天地)', '만물(萬物)' 등의 여러 번역어와 경쟁 관계에 놓여 있었던 것이다. 그런 한편에서는 기존의 '자연'도 계속 그대로 사용되는, 그야말로 극도의 어휘의 난립 상황에 있었던 것이다.

한국에서의 '자연'은 어떠한가? 한국도 일본과 마찬가지로 번역어 '자연'이 사용되기 전부터 '자연적으로' '자연의 상태로'라는 의미의 '자연'이 사용되고 있었다. 한국에 번역어 '자연'이 수용된 것은 일본에서 '자연'이 정착된 1890년대보다 약 20년 늦은 1910년 전후로 보이는데, 일본과 마찬가지로 한국에서도 기존의 '자연'이 번역어 '자연'과 함께 사용되고 있었다.

『금수회의록』(1908) : 텬지 자연의 리치를 직히는 자는 우리가 사름의게 비교홀 거시 아니오.

또한 1910년대까지 '인공'의 반대의 의미로 '천연'이라는 단어가 사용되고 있었던 것으로 나타난다. 즉, 한국에서도 일본에서의 어휘의 난립 현상이 그대로 재현되고 있었던 것이다.

『신찬초등소학(新纂初等小學)』(1909) : 천연물이라함은 인력(人力)을 빌리지 아니하고 자연(自然)히 생한 것이오. 인조물(人造物)이라.

개인(個人)

현재 individual의 의미로 널리 사용되고 있는 '개인'이라는 단어도 메이지기에 만들어진 번역어이다. 특히 이 '개인'이라는 개념은 근대 이전의 전통 사회에서는 존재하지 않은 전혀 새로운 개념이었기 때문에, 다양한 번역어가 만들어졌으며, 정착되기까지에도 많은 시간과 과정이 필요했다.

현재까지의 연구에서 '개인'이 일본어에 정착되었다고 보는 것은 1890년대 이후이다. 그러나 이 번역어를 애초에 처음 만들어낸 것은 일본이 아닌 중국 측 대역사전에서라고 보고 있다.

there is but a single individual there.
　: 독유(獨有) 일개인(一個人)이 나처(那處)에 있다.
　(로버트 모리슨(1782~1834), 『영화자전 英華字典』)

일본에서는 individual의 번역에 대해 1860년대에는 주로 独り(한사람), 一人(한사람)으로 번역하고 있었다.[34] 그러나 한편에서는 '一人'이라는 번역어로는 전통적인 의미의 '一人'과 구별이 용이하지 않아, 혼동될 우려가 있는 점 등을 고려하여 '인민각개(人民各箇)', '일개인민(一箇人民)', '인민(人民)', '한사람의 백성(一人의 民)', '사람들(人人)', '사람각각(人各各)'을 사용하는 사람들도 있었다. 여기에는 나카무라 마사나오와 후쿠자와 유키치와 같은 당대를 대표하는 지식인도 포함되어 있다.

나카무라는 『자유지리』에서 다음과 같이 individual을 번역하고 있다.

　　중간회소, 즉 정부에서 인민각개 위에 시행하는 권세의

한계를 논한다. 묻노니, 그러하다면 정부에서 일개인민 위에
가해지는 권세의 당연한 한계는 어떠한가.

여기에서는 지금까지는 번역 방법으로 그다지 나타나지 않
던 4字 한자어를 사용하고 있는 점이 특징이라고 할 수 있다.
왜 individual의 번역어에서만은 4자 한자어를 사용한 것일까?
이는 다음과 같이 추측된다. 즉, 예문의 내용에서도 알 수 있
듯이 정부와 대립되는 막대한 권위를 가진 한사람의 개인을
'한사람[独り]'이라고만 번역한다면, 그 의미가 너무 미약해진
다고 파악했던 것일 것이다.

한편, 후쿠자와는 「일신의 자유를 논한다」[35]에서 다음과
같이 individual을 번역하고 있다.

    사람의 일신은 서로 떨어져, 일개의 전체를 이루고, 스스
    로 그 몸을 제어하고 스스로 그 마음을 이용하여, 하늘에 대
    해 그 책임을 질 수 있는 것이다. 그런고로 사람각각은 신체
    가 있다.

예문에서 보는 바와 같이 후쿠자와는 individual의 번역어로
'사람각각'이라는 일본어를 사용하고 있는데, 이는 나카무라
의 입장과 매우 대조적이라 하겠다. 즉, 나카무라가 4자 한자
어라는 거창한 방법을 번역에 사용한 반면, 후쿠자와는 일상
적인 일본어를 번역어로 사용하고 있다. 후쿠자와는 다른 번

역어를 고안할 때도 가능하면 고유 일본어, 일반인에게 친숙한 일본어를 사용하려 했다. 이는 일반 국민들이 그들과 동떨어진 근대적 의미들을 좀더 친숙하게 알 수 있도록 하려는 그의 배려였던 것이다. 이러한 번역 태도는 그가 일관되게 지켜온 번역 철학이었다. 그러나 후에 그는 놀랍게도 individual에서만은 '독일개인(獨一個人)'이라는 4자 한자어를 사용하는 태도로 변한다. 어째서 그의 번역 태도가 바뀐 것일까?

> 인민 사이에 자기의 권의를 주장하는 자 없음은 물론이다. …… 난세의 무인은 용기는 있을지언정, 역시 독일개인의 의미를 알지 못한다. (『문명론지개략』, 1875)

이는 일상적인 일본어를 사용하여 번역하는 것은 일반인에게 다가가기는 좋으나, 번역하려는 원어(서양어)와의 의미의 차가 심하면, 반드시 전달하여야 하는 근본적인 사상의 진수를 전달할 수 없다고 보았기 때문으로 보인다.

어쨌든 individual에 대해 후쿠자와마저도 한자번역어를 사용하게 되자, 1870년대 일본에서는 individual의 번역어로 더 이상 고유 일본어를 사용한 예는 나타나지 않는다. 대신 individual의 다수의 번역어 가운데, '독일개인(獨一個人)'에서 '독(獨)'을 뺀 '일개인(一個人)'이 널리 사용되게 된다.

> 국토는 일개인의 소유로 하지 않으며, 대사회 즉 사회가

이를 맡아야 한다.(『사회평등론』, 1880~1884)

그 후 다시 '일개인(一個人)'에서 '一'이 빠진 '個人'으로 형태가 바뀌어, 드디어 '個人'이라는 번역어가 나타나게 되는데, 이러한 '個人'은 1890년대 이후가 되어서야 나타나고 있다.

individualisme, 독립파 독립론 개인주의.
(나카에 쵸민, 『불화사림개정판 佛和辭林改訂版』, 1891)

이상에서 본 바와 같이 individual을 '개인'이라고 번역하는 단초를 제공한 것은 중국 측 대역사전이며, 1870년대까지 메이지기에는 '독일개인(獨一個人)', '인각각(人各各)', '인민(人民)' 등 여러 개의 번역어가 사용되었다. 1890년대에 들어 '독일개인'에서 '일개인'으로, 다시 '일개인'에서 '개인'으로 형태의 변화를 가져와, '개인'으로 완전히 정착하기에 이른다.

사진(寫眞)

우리의 일상생활에서 너무나도 친근하게 사용하고 있는 '사진'이라는 단어도 메이지기에 만들어진 번역어이다.

일본에 사진기가 전해진 것은 1848년이며, 1862년에는 도쿄[東京]와 요코하마[橫浜]에 사진관이 등장할 정도로 사진은 대중사회에 파고들고 있었다. 당시인들에게 사진찍기는 매우 고상한 취미 중의 하나로 부러움의 대상이 되기도 했다.

그러나 처음 사진기가 일본에 전해진 1840년대 이후, photo-graph에 대한 번역어로 사용된 것은 '사진'만이 아니었다. '은판(銀版)', '사진화상[寫眞の畵像]', '지화(紙畵)' 등이 그것인데, 이들 번역어들은 1840년대 이후부터 메이지 20년대(1887~1896)까지 계속 사용되었다.[36]

　　이미 은판(사진)에 물건의 상을 박을 수 있는 것도.(『원서기기술 遠西奇器述』, 1854)
　　이 액체 속에 지화(사진)를 넣고.(『사진경도설 寫眞鏡圖說』, 1867)

그러나 메이지 20년대(1880년대 후반)에 들어오면서 photo-rgaph의 번역어 중 '사진'이 다른 번역어를 누르고 압도적으로 많이 사용되게 된다. 원래 '사진'은 번역어로 사용되기 이전에도 '실제의 모습을 그리다'라는 의미로 사용되던 단어였다. 그것이 1840년대 사진기가 일본에 전래되면서 번역어로서 사용되어 '사진기로 촬영한 영상'이라는 의미로 전용되게 된것이다.

사진기로 사진을 처음 찍어본 한국인은 1876년 수신사로 일본에 갔던 김기수였으리라 생각된다.[37] 동경관에 머무르는 동안 그는 숙소에서 사진을 찍었다고 한다. 그러나 당시 김기수는 '사진(寫眞)'이라는 단어를 사용하지 않고 '사아진상(寫我眞像)'이라고 표현하고 있다. 즉, 김기수는 당시 일본에서 사용되던 '사진'이라는 단어를 글자 그대로 "나의 진짜 모습을 그린다."라는 의미로 이해했던 것으로 추측되며, 번역어로서의 '사진'을 아직 이해하지 못했던 것으로 보인다. 이후 일본에 파견된 조선의 수신사들이 사진을 찍었다는 기록은 계속된다.

한국에 실물의 사진기가 소개된 것은 1885년 지운영에 의해서이다.38) 『고종순종실록』에는 다음과 같은 기록이 있다.

> 그뿐 아니라 그의 형 지운영은 외국에서 사진 기구를 사온다고 핑계대기도 하고, 김옥균의 무리를 산채로 잡아오겠다고 선언하기도 하며 바다 건너에 출몰하면서도 도리어 역적의 부류와 내통해서 은근히 나라를 팔아먹는 것을 일삼았습니다.(1887.4.26)

그 후 지운영은 마동이라는 곳에 사진관을 차린다. 이러한 과정을 통해 '사진'이라는 번역어가 한국 개화기에도 뿌리를 내리게 되었다.

제2차 서양지향기(메이지 30년대, 1890년대 후반)의 번역어

이 시기는 청일전쟁과 러일전쟁을 거치면서 일본이 군비확장이라는 수단을 통하여 대륙진출을 꾀하던 때였다. 학술, 문화 분야에서는 메이지 초년에 받아들인 서양의 것을 이해하는 수준에 머무르지 않고, 일본의 근대화 수준을 서양의 수준으

51

로 끌어올리려고 부단히 노력하던 시기였다. 즉, 서구화 열풍에 대한 메이지 초년의 분위기를 근저로 하여, 거기에 다시 서구의 신사상, 신문예를 더욱 열심히 흡수한 시기로, 실제적으로는 낭만주의, 자연주의, 사회주의의 수용으로 나타나게 된다. 메이지 30년대(1897~1906)에 일본에서는 「동맹파업」이라는 노래가 유행하게 되는데, 이도 일본 사회가 서양의 새로운 사조라면 무조건적으로 받아들이는 호의적인 분위기에서 나온 것으로 볼 수 있다.

활동사진(活動寫眞)

1840년대 일본에 사진기가 전래된 이후, 1880년대 후반에 '사진'이라는 번역어가 정착하게 됨은 앞에서 이미 기술한 바 있다. 그 후 '움직이는 사진'이 발명되면서 그 장치가 1880년대 후반에 일본에 도입되게 된다. 이 '움직이는 사진'이 도입되면서 이를 무엇으로 명명할 것인가에 대해 여러 번역어가 나타나게 되는데, 그 번역어로 등장한 것이 '활동사진(活動寫眞)', '자동사진(自動寫眞)', '축동사영(蓄動射影)'이었다.

가장 먼저 나타난 것은 '활동사진'인데, 이는 1896년 kinetoscope가 고베에 수입되어, 처음 영화가 상연되었을 때, 「고베신문」에서 처음으로 '활동사진'이라는 단어를 사용하면서부터이다.[39]

　　고마쓰미야 전하는 그제 오전 8시 교토를 출발하시어, 정

오에 도착하시고 …… 연회에 참가하시고 숙소로 돌아오시
어 활동사진을 보시다.(1896.11)

한편, 1897년 cinematograph가 오사카[大阪]에서 상연되면
서 그 수입업자가 이번에는 '자동사진'이라는 명칭을 사용하
는데, 같은 해 도쿄에서 상연할 때에는 '자동환화(自動幻畵)'
라는 명칭을 사용한다.

자동환화는 프랑스 리옹의 이학박사 뤼미에르가 발명한 것
으로, 원명은 시네마토그래프라고 한다.(「고베신문」, 1897.2)

또한 1897년 vitascope도 오사카에 수입되었는데, 이때 「오
사카아사히신문」은 이를 '축동사영'이라고 소개한다.

일본 사상 최초의 축동사영회.(1897.2.20)

같은 1897년 vitascope가 오사카에 이어 도쿄에서 상연되게
되는데, 이에 대한 광고문에서는 '전기작용 활동대사진(電氣作
用 活動大寫眞)'이라고 사용된다.

미국 이학박사 에디슨이 최근 발명 전기작용 활동대사진
원명은 비타스코프.(「동경일일신문」, 1897.3.5)

이상에서 본 바와 같이, 1890년대 후반 일본에서 kinetoscope, cinematograph, vitascope와 같은 장치가 수용되는 과정에서 '활동사진', '자동사진', '축동사영' 등의 번역어가 난립하는 현상이 나타나고 있는 것이다. 이 가운데 '활동사진'이 압도적 우위를 차지하게 되는데, 이는 1899년 도쿄 가부키좌[東京歌舞伎座]에서 vitascope가 시사회에서 '활동사진'이라는 명칭으로 사용된 것이 결정적 계기가 되며, 이후 '활동사진'이라는 번역어는 급속히 일본 전국에 보급되게 된다. 그리하여 '활동사진'이라는 번역어는 활동사진이라는 실물과 함께 세상에 널리 알려지고 보급되게 되는데, 1909년에는 도쿄에 상설영화관의 숫자만도 70여 개에 이를 정도로 일반국민에게 크게 파고들었으며, 촬영 스튜디오도 설립되게 된다.

'활동사진'이 한국에 전해진 것은 1920년대에 들어와서의 일이다. 1903년 한성전기주식회사에서 처음으로 활동사진을 상연하였으며, 1904년에는 영미연초회사(英美煙草會社)에서 '활동사진'을 상연했다는 기록도 있다. 또한 1907년에 일반인을 대상으로 한 일본어 학습서인 『일어정칙 日語正則』에서 '활동사진'이라는 단어가 사용되고 있다.[40]

이러한 사실에서 '활동사진'이라는 번역어는 1890년대 후반 일본에서 만들어진 후, 10여 년 후인 1905~1910년에 이미 한국어에도 정착되었던 것으로 보인다.

제3차 서양지향기(메이지 말기-다이쇼기, 1910년대 전후)의 번역어

이 시기는 메이지 말기부터 다이쇼 초기에 걸친 시기로, 기존의 자연주의에는 반대하며, 대신 서구의 신사조인 휴머니즘과 개성 존중을 이상(理想)으로 하던 시기였다. 이 시기는 외국의 것을 받아들이는 데 있어, 메이지 초년과 같이 번역의 과정을 거치기보다는 외래어를 그대로 받아들이려는 경향이 강했던 때였다. 이는 메이지 초년에는 그 말을 사용하는 것만으로 뽐내며 자랑하는 느낌을 주던 외래어도 메이지 말년-다이쇼기가 되면, 보통의 일상어로 받아들이게 되었다는 것을 의미하며, 메이지기보다는 어느 정도 사고가 유연해졌다는 것을 의미하는 것일 것이다.41) 결과적으로 이 시기에는 언어적으로는 『신어사전』 『모던 언어 사전』이 간행될 정도로 외래어가 급증하게 되며, 정신적으로는 민주주의의 기본인 개인과 인권에 대해 더 많은 것을 생각하는 그런 시기가 된다.

민본주의(民本主義)

메이지기 서구 문물의 수용을 개구리의 입으로 큰 바위를 삼키듯이 받아들였다고 한다면, 다이쇼기의 서구문물의 수용은 메이지기에 받아들인 근대정신을 어느 정도 사회에 구현하려는 시도가 있었던 시기라고 할 수 있다. 이러한 시도 중의 하나가 다이쇼 데모크라시라고 할 수 있는데, 이러한 다이쇼의 분위기에서 '민본주의'라는 번역어가 등장하게 된다. 1916

년 『중앙공론 中央公論』에는 다음과 같은 글이 실려 있다.

> 국가주권이 국민에게 있다는 이론상의 주장을 민주주의
> 라고 하고, 주권자가 일반민중의 복리나 의향을 중시하여야
> 한다는 주장을 민본주의라고 주창한다.(요시노 사쿠조, 1878~
> 1933)

즉, 민주주의와 민본주의의 차이점에 대해 언급할 정도로 민주주의에 대하여 지대한 관심을 표명하고 있다. 이와 같이 『중앙공론』을 통해 전개된 요시노 사쿠조[吉野作造]의 민본주의론은 정치운동의 지도이론으로서, 다이쇼 데모크라시의 기운을 한층 고조시키는 역할을 하였다. 그러나 '민본주의'라는 번역어는 요시노 사쿠조가 직접 만든 것은 아니다. 이는 요시노 본인이 『민주주의 고취시대의 회고』(1928)에서 인정한 바와 같이, 가야하라[茅原華山]의 용어를 따라한 것이라고 한다. 이후 요시노는 당시 본인이 사용했던 '민본주의'라는 번역은 그다지 적절한 번역이라고는 생각하지 않는다라고 회고하며 '민주주의'라는 단어로 바꾸어 사용하기도 한다.

어쨌든 다이쇼 시대에는 요시노를 중심으로 '민본주의'라는 용어가 유행했고, 후에 '민주주의', '데모크라시'라는 용어가 유행하는 분위기가 이어진다.

번역과 근대

번역을 통해 본 서양사상의 수용

  일본이 서양사상을 본격적으로 수용하게 된 것은 메이지 정변 이후 근대화 과정에서 비롯된 것이다. 서양사상을 수용하게 된 계기도 일본인이 전통적으로 수용하고 있던 생활과 사고를 비판하기 위한 내재적인 의욕과 적극적인 자세에서 비롯되었다고 할 수 있다. 예를 들면 여타 아시아 국가들이 'philosophy'라는 서양 원어를 '형이상학' 등으로 해석했던 것에 반해 일본은 '철학'이라는 개념을 제안하고 'philosophy'에서 엿볼 수 있는 인간의 능동적인 행위를 강조하였다.

  그런데 근대 일본에서 서양사상을 수용한 것은 어디까지나

원리적인 차원의 전통적인 사상과 무질서하게 병존하는 형태로서 나타난 것이라고 할 수 있다. 마루야마 마사오[丸山眞男]는 자신의 저서 『일본의 사상』에서 이를 '사상적인 잡거성(雜居性)'이라는 개념으로 정리한 바 있다. 말하자면 일본이 서구사상을 수용하는 과정은 서양이나 중국과 달리 사상사의 좌표축이 되어야 할 기본 원동력이 본래 부재한 상태에서 출발한 것이라고 이해한다. 모든 사상과 관념을 '기회주의적으로 포착하는 상태에서 새로운 서양사상도 이와 같은 심성·세계관·사고양식과의 원리적인 대결을 통해서 자기 변혁을 이룩한다는 것이다.

사실 일본에서 서양사상을 수용한 기원은 16세기 후반 포르투갈 출신의 예수회 선교사들과 접촉하는 과정에서 시작된다. 이후 도쿠가와 바쿠후체제는 기본적으로 서양 기독교의 전래 등을 금지하면서도 나가사키[長崎]를 통하여 서양문물 및 교역 등을 허용하는 등 기독교 이외의 서양서적 수용 등의 완화 조치를 취하였다. 도쿠가와 정부는 실학자 및 양학자 등의 노력으로 서양의 과학·기술 등의 분야를 한정적으로 수용한 것이다. 이와 관련하여 1715년 아라이 하쿠세키[新井白石]는 『서양기문 西洋紀聞』에서 다음과 같은 소감을 밝히고 있다.

(이탈리아 출신의 시돗치 선교사는) 천문, 지리 등에 관해서는 참으로 뛰어난 지식을 가지고 있지만, 그 기독교 설법을 들으면 한마디라도 도리에 가까운 것이 없다. 이것으로

알게 되었다. 그의 학문은 형(形)과 기(器)에만 정밀하여 형이하(形而下)가 되는 분야에 정통하였다. 그러나 형이상(形而上)의 분야는 아직껏 들어보지도 못했다.

아라이가 말하는 형이하학은 바로 서양의 과학기술이고, 형이상은 기독교사상이라고 해석할 수 있다. 메이지 정부가 들어서기 이전까지 일본 실학자들의 서양사상에 대한 평가는 대체로 이와 비슷하였다. 그러나 19세기에 들어서면서 구미 자본주의 세력이 동아시아에 진출하고, 특히 일본 국내적으로도 바쿠후체제가 흔들리면서 서양사상에 대한 평가도 전향적으로 바뀌기 시작하였다. 1839년 대표적인 양학자 와타나베 가잔[渡辺華山]은 『재편서양사정서 再編西洋事情書』에서 서양 제국의 발달된 문명을 수용하는 것이 개혁을 위한 최우선의 과제라고 주장하였다. 그는 서양 제국의 문명 발달은 '물리의 학(物理의 學)'에서 비롯한 것이라고 보며, 물리의 학이 지닌 '궁리 정신'에 주목하였다. 그가 보는 '궁리'란 사물과 같은 것을 마음속에 체득하고 사리를 깊게 연구하는 것이며, 더욱이 그 일을 상세하게 규명하여 이를 자연계 이외에도 인간 사회 전반에 적용하는 것이었다.

이와 같은 와타나베 가잔, 다카노 쵸에이[高野長英] 등의 양학 수용에 대한 적극적인 태도는 메이지 유신 이후 일본의 근대 사상가들의 서구학문 수용 자세에 많은 영향을 주었다. 당시 계몽주의적 관점의 서구사상을 수용하는 데 많은 관심을

가진 대표적인 이는 니시 아마네, 쓰다 마미치[津田眞道] 등이
었다. 그들은 이미 1863년 군함 건조 사무 협상을 위한 구미
사절단 일행으로 네덜란드에 간 적이 있었다. 네덜란드에 가
서 니시 아마네 일행은 라이텐대학의 자유주의 경제학파의 대
가인 피셀링Simon Vissering(1818~1888)에게 사회과학 및 철학을
사사받게 된다. 니시 아마네 일행은 피셀링에게 자연법, 국제
공법, 국법학, 경제학, 통계학 등을 배우면서 서양의 사회과학
과 철학을 본격적으로 수용하게 된다. 특히 니시 아마네 일행
은 피셀링이 정통해 있던 J.S. 밀의 공리주의 철학과 콩트
(Comte)의 실증주의에 주목하였다.

당시 일본의 사상가들은 서양 학문을 적극적으로 수용하고
자 하는 이유가 일본의 독립과 발전을 위한 것이라고 생각하
였다. 특히 국가 발전을 위한 관점에서 서양 제도와 문물의 기
반이 되는 정신, 특히 사상과 도덕 등을 습득하기 위한 실학주
의 정신이 필요한 것이라고 보았다. 니시 아마네도 그런 관점
에서 자신의 동료 마쓰오카에게 보내는 편지에서 "서양의 경
제학·철학을 배우는 것이 곧바로 일본의 부국강병 및 인민복
지를 위하여 절대 중요한 것"이라고 주장하였다. 그런 측면에
서 니시 아마네는 오규 소라이[荻生徂來]의 실학 정신을 계승
하고, 그런 일본적인 정서 속에서 서양 학문 등에 관심을 가진
실학적인 성격이 강한 학자였다.

니시 아마네는 서양사상 중에서도 17~18세기 유럽의 시민
혁명과 산업혁명의 성과를 반영하여 실증적이고 과학적인 지

식 기반을 구축한 밀과 콩트 등의 공리주의·실증주의사상에
많은 관심을 가지고 있었다. 1873년 니시 아마네는『생성발온
生性發蘊』에서 서양사상의 추세에 대해 분석하고, 콩트 철학
을 소개하면서 'philosophy'를 '여러 학문을 통일시키는 학이
라는 의미의 '철학'으로 번역하였다.

> 각 과(科)의 학술은 각자 여하에 따라서 정밀한 영역에
> 이르러야 하는데, 또 서로 합하여 그것을 총괄하는 철학의
> 일부일 수밖에 없다는 것은 이미 성현들이 통찰한 바이다.

이와 같은 실증주의적 관점에서 니시 아마네는 1874년『백
일신론 百一新論』에서 '철학'이라는 개념을 다음과 같이 활용
한다.

> 물리(物理)를 참고로 하여 심리(心理)에 세밀하게 미치
> 고, 천도(天道)와 인도(人道)를 분명하게 논하여 교(敎)의
> 방법을 세우는 것이 philosophy, 곧 철학인 것이다.

그가 철학이라는 번역어에서 기본 개념으로 세운 것은 바
로 "모든 세계의 도덕은 동일한 것"이라는 '백교일치(百敎一
致)'라는 개념이다. 니시 아마네가 볼 때, 종래 일본에서 널리
보급된 주자학 중심의 유학사상은 법과 도덕(敎)의 구별이 모
호하고, 선천적인 자연 필연의 이치로서의 물리(物理)와 후천적

인 인사상의 이치로서의 심리(心理)를 구분하지 못하는 애매함을 가지고 있다는 것이다. 이와 같은 법과 도덕, 물리와 심리를 분명하게 구별하고, 백교(百敎) 및 백학(百學)을 통일적으로 이해하는 기본 학문으로서 철학이 필요하다고 본 것이다.

니시 아마네는 벤담과 밀 등의 공리주의사상에 기초한 도덕론으로서 1875년 『인세삼보설 人世三寶說』이라는 저서를 발간한다. 그는 이 책에서 인생의 최고 목적을 '일반 복지(general happiness)'를 실현하는 것으로 보고, 이는 세 가지 가치(삼보: 건강, 지식, 부)를 존중하고 추구함으로써 달성된다고 주장한다. 말하자면 밀의 공리주의 관점을 적극 수용하여 이기심을 적극적으로 긍정하는 등 당시 일본의 전통적이고 소극적인 유교 덕목을 비판하는 것이라고 할 수 있다. 그는 공리주의적 관점에서 인간성, 즉 개인의 자유와 권리를 발현하는 자연법사상에 기초한 천부인권을 제안하였다. 그는 다음과 같이 인간의 천성에 기초한 권리를 추구해야 한다고 주장하였다.

> 법(法)이나 교(敎)나 모두 인간의 동일한 성(性)에 기초한 것으로, 이 인간성으로 갖추어진 자애자립(自愛自立)의 마음이 개인의 자유와 권리의 근원, 그리고 법의 근원인 것이다. 마찬가지로 인간성 속에 갖추어진 인애(仁愛)의 정(情)이 바로 교(敎)의 근원인 것이다.

이는 서양의 자유와 권리에 대한 관념을, 천리(天理)와 천도

(天道)를 대표로 하는 유교사상, 즉 주자학적인 자연법사상을 매개로 해석한 것이라 할 수 있다. 이러한 관점에서 니시 아마네는 전통적인 유교사상과 서양사상을 공리주의적 사상으로 절충·결합시키고자 하였던 것이다.

민권론과 국권론의 대립 그리고 서양사상의 번역법

메이지 유신 이후 민간인 차원에서 일본의 부국강병 정책에 관심을 보인 것이 바로 '메이로쿠샤'라고 할 수 있다. 메이로쿠샤는 메이지 6년(1873)에 모리 아리노리, 니시 아마네 등 10명이 중심으로 결성하여 기관지 『메이로쿠잣시』를 발행하였다. 1874년 2월에 창간한 『메이로쿠잣시』는 매월 2회 혹은 3회씩 통권 43호까지 발행하였으며, 메이로쿠샤 회원 모임은 연설회 형식으로 진행되었다.

메이로쿠샤 회원들은 메이지 정부의 개국진취 및 문명개화 정책에 호응하여 서구 근대사상을 도입·소개하는 활동에 진력하였다. 철학·종교·도덕 등의 사상논쟁에서 출발하여 생활에 밀착한 실학적 관점에서 정치·법률·경제·국어론·부인론·복장론 등의 백과전서적인 학문적인 종합 성과를 거두기도 하였다. 그런데 메이로쿠샤가 서구계몽사상을 수용하는 과정 자체가, 일본 정부의 절대주의체제와 대립하는 양상으로 나타나면서 회원 내부에서 많은 논란이 일어나게 된다. 이는 메이로쿠샤의 계몽 주체들이 원래 바쿠후체제의 구 관료 혹은 유신 관료 출신으로, 유교적인 교양을 겸비하였으면서도 서구 유학 경험이 있는 사람이 많았다는 점과 관계가 깊다. 즉, 기본적으로 메이로쿠샤 회원 구성이 당시의 일반 민중과는 거리가 있는 계층 출신이라는 점에 한계가 있었던 것이다.

이와 같은 상황에서 메이로쿠샤 내부에서 여러 가지 논쟁이 벌어지기 시작하였다. 그 중의 대표적인 것이 후쿠자와 유키치와 메이로쿠샤 회원 간의 '학자 직분논쟁'이라고 할 수 있다. 1874년 후쿠자와는 『학문의 권장』 제4편 「학자의 직분을 논함」에서, "국가의 독립과 문명을 목표로 하는 현 시점에서 '전제 정부'와 '무기무력한 우민'을 분리하는 것을 염려하는 마음으로 학자는 관(官)으로부터 사(私)를 독립해야 한다."고 주장하였다. 이는 후쿠자와 자신이 "인간 위에 인간을 만들지 않았고, 인간 밑에 인간을 만들지 않았다."고 하는 서구 계몽주의 관점을 그대로 계승한 것이라고 할 것이다. 이에 대해 메이로쿠샤 회원들은 '관민 일체론' 혹은 '관민조화론'의 입장에서 개인과 국가가 상호조화하는 과정에서 자유주의 이념을 수용하는 추세로 나아가야 한다는 논리를 내세웠다.

한편, 문명개화론과 국가주의적 관점에서 논쟁이 대립하기도 하였다. 당시 일본의 정세를 보면 대외적으로는 서구자본주의 열강의 아시아 침략이 고조되는 등 위기 상황이 조성되고 있었고, 대내적으로는 아래로부터의 자유민권운동 등 부르주아적인 요구가 급증되는 시기였다. 이러한 상황에서 결국, 국가 중심적인 측면에서 서구식 신문명을 구축하는 노선을 선

택할 수밖에 없었으며, 이는 바로 후쿠자와의 『문명론의 개략』에서 다음과 같은 문구로 표현되었다.

　목적을 정해서 문명으로 나아가는 한 가지 일만이 있을 뿐이다. 그 목적이라는 것은 무엇인가? 안과 밖의 구별을 분명히 해서 우리나라의 독립을 지키는 것이다. …… 따라서 나라의 독립은 목적이며, 국민의 문명은 이 목적에 도달하는 수단인 것이다.

　후쿠자와의 이 논리는 1874년 메이로쿠샤 지식인을 중심으로 한 「민선의원설립건백서」의 취지와 정면으로 배치되는 것이다. 결국, 민선의원 설립을 둘러싼 찬반 논쟁은 국가주의적 관점의 시기상조론 및 우민론에 기초한 반대론이 우세한 방향으로 나아갔다. 그리하여 1875년 메이로쿠샤는 메이지 정부가 공포한 「참방률」「신문지 조례」 등의 언론탄압법 등으로 인해 자체 해산될 수밖에 없었다. 이는 메이로쿠샤로 상징되는 계몽적 문명개화론이 절대주의를 지향하는 국가주의 논리에 제압되는 비극적인 현상이라고도 해석할 수 있다.

　그런 한편으로 1874년 이타가키 다이스케[板垣退助] 등의 유신 관료들이 민선의원을 설립해야 한다는 건백서를 제출한 것은 자유민권사상이 일어나게 하는 계기를 만든다. 자유민권론자들은 민선의원 건백서 논쟁 이외에도 소위 '정한론'을 둘러싼 논쟁과 대립 속에서 '인민의 권리와 통의(권리)'라는 개념을 보급하면서 사족 및 호족, 일반농민층에게까지 자유민권 사상을 파급시키고 있었다.

당시 자유민권론을 주창한 대표적인 사상가로는 오이 겐타로[大井憲太郎], 우에키 에모리[植木枝盛], 나카에 쵸민[中江兆民] 등이 있다. 이들은 '일신독립'으로서의 인민과 '일국독립'으로서의 국가의 관계에 대한 원리적인 문제를 제기하였다. 당시 국회 개설 문제와 관련해서도 자유민권론자들은 서구식 천부인권사상, 즉 자연권사상에 기초하여 국회 개설은 인민의 권리라는 '민권론'을 주장하였다. 즉, 인민의 자유와 권리는 평등하게 인정되어야 하며, 그런 면에서 민권을 신장하고 국가 독립을 유지하기 위하여 국회를 즉시 개설해야 한다고 요구한 것이다. 이에 반해 메이로쿠샤 회원들은 원리적으로는 당연한 것이지만, '개화미전(開化未全)'의 무지한 인민에게 참정권을 부여하는 것은 국가의 치안을 해칠 우려가 있다는 '시기상조론'을 제시하였다.

한편, 민권론자 나카에 쵸민은 국가야말로 인민의 자유와 권리를 지키기 위해 설립된 것이라고 주장하였다. 그는 루소의 사회계약설을 한역·해설한 『민약역해』(民約譯解, 1882)에서 이익보다 정의를 중시하는 유교적인 윤리관과 결합된 '애국충민(愛國忠民)'의 도덕주의 논리를 강조하였다. 즉, 국가는 인민의 자유권리를 지키기 위하여 설립된 것인데, '주권자로서 인민은 절대주의 전제 정부에 저항하여 전복시킬 수 있는 권리'로서의 저항권과 혁명권이 있다는 것이다. 이러한 논리에서 나카에는 국가가 대외적으로 독립하는 것은 민주적인 국가를 창출함으로써 가능해진다고 보았다.

그런 측면에서 나카에 쵸민이 주로 언급한 자유에 대한 번역은 다음과 같은 방식으로 표현되었다.

천명(天命)의 자유는 원래 극한이 없기 때문에 이로 인해 여러 가지 폐단이 나타나고, 서로 침입하여 차례로 뺏고 빼앗기는 우환을 면치 못한다. 이에 모든 이들은 스스로 그 천명의 자유를 버리고, 서로 약속하여 나라를 세우고 제도를 만들며, 그로써 스스로를 다스리고 인의(人義)의 자유가 충만해질 수 있다. 이와 같은 것이 소위 자유권을 포기하는 정도(正道)인 것이다.

나카에 쵸민의 입장에서는 천명(天命)의 자유야말로 조야(粗野)한 원시적 형태의 자유인 것이며, 오히려 사회계약을 통해 제한적으로 확보한 인간의 권리로서의 '인의(人義)의 자유'를 중시한 것이다. 이미 그 이전에도 나카에는 루소의 사회계약설에 따른 의지와 행위의 도덕적인 관심을 일본 국내에 소개하는 것에 많은 관심을 가지고 있었다. 그는 1881년 「동양자유신문」 창간호 사설에서 심신의 자유와 행위의 자유에 대해 다음과 같이 주장하였다.

첫 번째의 liberty of moral이라는 것은 우리의 정신 심사가 결코 다른 사물에 속박되지 않고 완전발달하여 여력이 없는 상태를 말한다. 옛 사람이 말하는 바, 의(義)와 도(道)에 따르는 호연지기가 바로 이것이다. 안으로 돌아보아서 양심에 꺼리지 않고 스스로를 돌이켜서 정직한 것이 바로 이것이다. 곧 천지를 우러러보아 부끄러운 일이 안되며, 이것을 밖으로는 정부·敎門(종교)이 제어하는 바도 없고 안으로는 오욕육악(五慾六惡)이 방해하는 바도 없다. 그래서 더욱 활발하게 움직여 나가도록 격려할 수 있으면 더욱더 나아가도록 격려하는 것을 그치지 말아야 한다. …… 두 번째의 liberty of politic은 곧 행위의 자유인데 사람들이 스스로 처신하는 까닭, 그리고 타인과 함께 하는 까닭이 바로 이 속에 있다. 그 종류를 들면 신체의 자유, 언론의 자유, 사상의 자유, 집회의 자유, 출판의 자유, 결사의 자유, 민사(民事)의 자유, 종정(從政)의 자유를 말한다.

여기에서 전자인 '심신의 자유'는 양심론적인 근거에 바탕을 둔 본질론적인 문제이며, 후자로서의 '행위의 자유'는 무한한 天命의 자유를 제한하여 확보할 수 있는 측면에서 곧 인의(人義)의 자유를 달리 표현한 것이다. 이런 측면에서 나카에 쵸민의 사회계약설은 루소와 달리 동양적 도덕주의를 결합한 독특한 영역에 속한 것이라고 볼 수 있다.

나카에 쵸민류의 일본식 도덕주의와 달리, 당시 일본의 메이로쿠샤 회원 등의 대다수 사상가들은 영국과 프랑스 중심의 계몽주의와 공리주의, 그리고 실증주의사상 등을 소개하는 데 진력하였다. 주로 이들이 소개하는 계몽사상 등은 근대적인 사회인식과 인간관을 이해하는 기반이 되었으며, 이를 통해 민권운동을 실천할 수 있는 사상적인 근거로서 역할한다.

메이지 초기에는 주로 J.S. 밀의 공리주의적 관점의 저작들이 주로 소개되었다. 우선, 나카무라 마사나오가 번역한 『자유지리』를 번역·출간한 것을 출발점으로 하여 1870년대 후반 나가미네 히데키[永峰秀樹]가 『대의정체 代議政體』를 번역하고, 이어 하야시 다다스[林薰] 등이 『밀 경제론』을, 니시 아마네가 『이학』(利學, Utilitarianism)을 속속 번역·출간한다.

그런데 특이한 점은 1870년대 후반 이후로는, 동일한 수준의 공리주의 사상서라고 하더라도 J.S. 밀보다는 스펜서의 사상을 대폭 소개하는 경향으로 바뀌고 있다는 점이다. 1877년 오자키 유키오[尾崎行雄]가 스펜서의 『Social Statics』를 『권리제강 權利提綱』이라는 제목의 책으로 번역하였으며, 스즈키 요시무네[鈴木義宗]는 『대의정체 Representative Government』를 『사변살씨 대의정체론』(斯辺撒氏代議政體論, 1878)으로 번역·소개하였다. 그러나 스펜서 사상을 민권적 입장에서 재해석한 경우는 『Social Statics』을 마쓰시마 고오[松島剛]가 번역한 『사회평권론』(社會平權論, 1881)이라고 할 수 있는데, 이 책에 대해 이타가키 다이스케는 '자유민권운동의 교과서'라고 극찬하기도 하였다.

이와 같이 스펜서의 'Social Statics'가 전혀 다른 관점의 두

명의 일본인, 즉 오자키 유키오와 마쓰시마 다케시를 통해 번역·출간되었을 정도로 스펜서의 사회진화론 열풍이 당시 일본 사회의 초점이 되었다는 것을 알 수 있다. 그 중에서도 마쓰시마의 번역서는 스펜서의 계몽 철학과 사회 진화 원리를 자연권으로서의 자유와 평등을 강조하는 자유주의적 관점, 즉 민권론적 입장에서 개작(改作)한 것이라고 할 수 있다. 반면, 오자키가 번역한 스펜서의『권리제강』은 적자생존 원칙에 입각한 생물학적이고도 진화론적인 원리를 현실의 사회질서 속에 그대로 합리화한다는 측면에서 일본의 국가주의적 관점, 즉 국권론의 입장을 대변했다고 볼 수 있다.

이와 같이 국권론 관점에서 스펜서의 사상을 적극 수용한 사람에 메이로쿠샤 회원 출신인 가토 히로유키[加藤弘之]가 있다. 가토는 스펜서의 사상을 일본적인 상황 속에서 재해석하고 이에 따라 새로운 사상으로서 '사회 다위니즘'을 제창하였다. 한때 가토는『진정대의』(眞政大意, 1870),『국체신론』(國體新論, 1874) 등의 저서를 내면서 천부인권론적 계몽사상을 주장하곤 하였다. 그러던 그가 자신의 천부인권론마저 부정하면서 대표적인 국권론자로 전향한 것이다. 그는 1882년『인권신설 人權新說』을 통해서 우승열패와 적자생존의 생물학적이고 진화론적인 원칙을 그대로 인간 사회에 적용하는 '사회진화론'을 소개하였다. 그의 사회진화론은 다윈(Darwin)의 생물학적 진화론과 스펜서, 핵클(Heckel) 등의 진화론 철학에 기반한 것이었다.

가토의 국가주의는 이제 인권을 제압하는 특성을 포함하면서 동시에 생존경쟁과 자연도태에 따른 '우자필승(優者必勝)'을 강조하는 방식으로 변하고 말았다. 그는 『인권신설』에서 다음과 같이 말하고 있다.

조물주가 마침내 우리 개개인에게 영묘한 심신을 부여하고, 그와 함께 지귀지중(至貴至重)한 자유자치와 평등균일의 권리를 부여함으로써 우리의 최대 행복을 얻을 수 있는 큰 토대를 마련하게 되었다는 망상이 생겨나고 있다. 그런데 조물주가 처음부터 여러 가지의 안목을 갖추고 이 안목에 따라서 각각의 종별 사물을 만들어냈다는 주장은, 절대실험을 통해 나온 것도 아니고 완전히 망상에서 생겨난 소위 '안목주의'에 속하는 것이다.

그래서 가토는 "천부인권사상이야말로 만물법(萬物法)의 실리(實利)에 부합하는 인과주의와는 전혀 다른 망상에 불과한 것"이라고 주장한다. 그가 말하는 사회진화론은 인류가 우승열패의 법칙을 통해 발전해 온 것을 증명하는 것에 관심을 두고 있었고, 그래서 동물적인 야만 상태에서 개화의 시기로 넘어가는 것이야말로 진정한 우승열패라고 주장하였다. 그는 권력 경쟁을 매개로 하여 세계의 개명을 확보하는 것이 우선되어야 하고, 시대의 변천에 따라 가장 잘 적응하는 것이 사회의 우자(優者)가 되는 길이라고 보았다. 그는 당시 유럽 사회의 부르주아 계급이 대권을 장악하는 과정을 다음과 같이 높이 평가하였다.

    구미 각국의 경우는 상등평민(上等平民, 부르주아지)이 사
    회의 권력을 점유하고 있으며, 다른 한편 과격한 폭동을 일
    으켜 사회를 문란케 하는 경우도 있다. 그렇지만 일본에 있
    어서는 아직 구미의 상등평민에 비교할 수 있는 종족(계급)도
    없는 상황이 아닌가?

말하자면 가토는 상등평민(부르주아 계급)을, 유럽 사회의
대권을 장악한 후 국가 사회의 안녕과 행복을 추구하는 현실
적인 주체로서 인정하고 평가한 것이었다. 그는 상등평민이야
말로 지식·재능·덕의·품행·학예·재산·농공상업 등 모든 분
야에서 사회를 주도할 실제 성취실적과 잠재적인 능력이 있는
계급이라고 판단하였다. 그러므로 일본도 국가 구축을 위한
부르주아지를 양성하는데 주력하고, 그런 과정에서 권력투쟁
을 통하여 자유민권운동에 집약된 민중의 요구와 권리를 억압
해야 한다고 보았다. 결국 가토가 말하는 국가 형태는 시세와
민도에 따라서 제한된 형식으로서 사회의 우자(優者)인 '상민
평등'이 주도하는 것인데, 이는 개인과 국가 간의 분리가 이루
어지지 않은 비민주적인 전제 정부가 통치하는 강력한 국권론
을 주창한 것이라고 할 수 있다.
    이와 같은 사회진화론은 1880년대 이후 독일계 철학사상을

수용하는 과정에서 더욱 확고한 국가주의 사상, 즉 국권론이 주도하는 절대주의 정치체제를 구축하였다. 이후부터 메이지 초기 사상을 주도한 영국·프랑스 중심의 공리주의 및 계몽주의 사상에 바탕한 자유민권운동은 결정적으로 쇠퇴하기 시작하였다. 그 대신에 메이지 정부가 주도하는 국가 개혁 작업을 통해 독일의 절대계몽주의 철학이 지도 이념으로 번역·수용되었다. 1881년 참사원 의관이었던 이노우에 고와시[井上毅]는 「인심의견교도안 人心意見教導案」을 통해 자유민권운동을 일소하기 위한 대책을 강구하였다.

한학(漢學)을 장려하여 충애공순(忠愛恭順)의 도를 가르치고, 독일학을 장려하여 혁명사상의 온상이 되고 있는 영불학(英佛學)의 전례없이 거칠게 나아가는 그 기세를 꺾어야 한다. …… 독일(프로이센)만은 '정부가 곧 왕실의 정부'라고 생각하는 일본과 가까운 나라이기 때문에, 독일학을 장려하면 천하 인심을 점차 보수의 기풍으로 만드는 데 유용할 것이다.(이노우에 고와시, 「인심의견교도안」, 『정상의전-사료편 제1(井上毅傳-史料編第1)』, 국학원대학편, 1970)

윗글에서 알 수 있는 바와 같이, 이노우에는 전통적인 일본 사상으로서의 한학과 서구 절대계몽사상인 독일학을 통해서 민심을 안정시키고, 부국강병과 식산홍업 중심의 국가주의 개혁정책을 수립하기 시작하였다. 이 시기의 한학은 주로 「교학대지」(1879)와 「유학강요 幼學綱要」(1882) 등의 유교적 관점의 인의충효 교육을 강조한 모토다 나가자네가 주도하였다. 그 외에도 니시무라 시게키[西村茂樹]는 유교 도덕과 서양의 실증주의사상을 결합한 『일본도덕론』(1887)을 저술하였다.

그리고 이 시기에 독일학을 적극적으로 수용·장려한 사람에 이노우에 데쓰지로[井上哲次郎]가 있다. 그는 모리 아리노리의 후원 아래 문과계 최초의 문부성 유학생으로 독일 유학을 떠나게 되었다. 당시 모리 아리노리는 독일식 대학 개혁을 모방하여 도쿄대학을 제국대학으로 바꾸고, 독일식으로 학문을 육성하기 위하여 '국가 수요에 따르는 학술 기예를 교수하고 연구하는 대학'의 역할을 강조하였다. 이에 부응하여 도쿄제국대학은 부세(L. Busse)와 쾨버(R. Koeber) 등의 독일 대학 교수를 초빙하는 등 독일학 학풍을 조성하는 데 상당한 노력을 기울였다. 1887년 독일인 부세는 칸트의 『순수이성비판』 등의 독일의 고전철학을 소개·강의하였으며, 1893년에 일본에서 초빙한 쾨버는 칸트 이외에도 피히테, 파울젠 등의 독일 국가주의사상을 적극적으로 소개하였다.

독일학을 수용하는 데 적극적으로 나섰던 이노우에 데쓰지로는 주로 독일의 헤겔학파, 즉 하르트만(E. Hartmann)을 비롯한 독일 이상주의 사상가들의 국가 개념 연구에 주목하였다. 이노우에는 1891년 문부성이 위탁 추진한 「칙어연의」를 통하여 전통적·유교적인 가족주의 도덕과 근대 서구식 국가 유기체설을 결합하고자 하였다. 그의 국민도덕론은 주로 계몽주의

적 관점에 선 서구식 도덕교육론을 비판하는 것에 관심을 두
고 있었다. 그는 후쿠자와가 『학문의 권장』에서 언급한 '독립
자존' 개념 속에 복종의 개념이 없다는 것을 지적하면서, 이로
인해 복종심 없는 일본의 하층민중이 파괴적인 형태의 혁명
운동을 초래할 수 있다는 것을 경고하였다. 즉, 후쿠자와 등의
예전 메이로쿠샤 회원이 지니고 있던 공리주의와 물질 숭상주
의를 대신하여 독일 사상이 가지고 있는 이상주의와 정신주의
가 필요하다는 것을 강조하였다.

당시 이와 같이 서구사상을 수용하는 것과 관련하여 급속
하게 변화하는 사회 분위기에 대해 아소 요시테루[麻生義輝]
는 그와 관련된 역사적인 배경을 다음과 같이 이해하였다.

> (메이지 유신 당시는) 마침 막부를 고치고 조정의 권위를
> 부흥시켜 개명된 정치를 요구하는 국민운동이 치열한 시기
> 였기 때문에, 서양 철학까지도 동원하여 막부 타도, 봉건제
> 타도를 위한 사상적인 기반으로 삼았다. …… 메이로쿠샤가
> 활약한 1870년대 중반까지가 이와 관련하여 가장 좋은 평
> 가를 받은 시기이며, 그들의 철학적·사상적 공헌은 메이지
> 정부가 수행한 진보적인 정책 추진 과정 및 성과를 대표한
> 다.(아소 요시테루, 『근세일본철학사』, 1943)

1870년대 중반까지 일본의 계몽사상은 서구 공리주의사상,
일본의 전통 국학 및 유학사상, 한학 등이 혼용된 모습이었던

것이다. 이에 대해 아소 요시테루는 일본의 사상가들이 서구 사상을 수용하여 번역하는 과정에서도 일본 전통 철학 및 중국 사상과 이런저런 상황을 비교하고 고려하면서 표현하려 한 점에 주목해야 한다고 평가하였다. 말하자면, 번역을 통하여 일본 사상으로 만드는 것은 서양의 문물과 사상을 직역한 것이 아니며, 직역된 사상이야말로 시대에 뒤떨어진 것이 될 수 있다는 경고를 수용하여, 일본적인 절충 과정 속에서 서구문명과 사상을 이해·접근한 것이다.

이와 같이 서구사상을 번역·수용하는 과정에서 일본의 민권론과 국권론이 대립하는 과정을 유추할 수 있을 것이다.

민권론자들은 서구사상을 직역·소개하는 방식에서 일본적인 전통과 갈등할 수도 있는 다소 무모한 개념을 도입하는 경향이 강하게 나타났다. 반면, 국권론적 입장은 서구사상과 일본의 전통 유학 및 국학사상 등과 타협하는 방식, 즉 일본의 절대계몽주의체제에 어울리는 사고로 재구성하는 방향으로 번역 작업을 강조했다고 볼 수 있다.

사실상 나카에 쵸민과 같은 별개 계통의 유학자가 나와서 계몽운동을 시작하고, 개인적으로 결단하여 민권운동에 참여하는 기회를 확보함으로써 민권론적 사상이 조성될 수 있었다. 반면, 일본에 유입된 사회진화론은 초창기의 휴머니즘적 공리주의가 천부인권설과 대립하는 과정에서 매우 강권적이고 폭력적으로 변용된 것이라고 할 수 있다. 그래서 변형된 사회진화론은 일본적인 특성이 강한 국권론적 입장이 되었고,

이 사상은 곧바로 일본의 전통 충군사상과 결합되어 스펜서가 제안한 진화론적 원리를 사회 곳곳에 이식하는 방식으로 새로운 계급 질서를 합리화할 수 있는 근거로서 활용되었다. 일본의 번역사상은 휴머니즘적인 요소를 자본주의적 근대화 과정에서 가장 최소화하는 사회 진화론으로 바뀌면서, 국가가 책임을 지는 방식의 절대주의 정치체제와 서양문명을 이식하는 방식의 '전근대적 자본주의 발전 과정'이 결합하여 새롭게 서구문명을 수용하고자 했던 것이다.

번역과 일본적 근대

'메이지 초기의 번역'이라는 화제를 공시적 입장에서 보면 일본의 근대화 과정과 분리시켜 생각할 수 없다. 서양사회를 모범으로 한 전제 중의 하나가 광범위한 서양문헌의 번역이었기 때문이다. 또한 이를 통시적으로 접근해 보면 이전 시대인 도쿠가와 시대의 문화를 고려하지 않을 수 없다. 그토록 짧은 기간에 문화의 거의 전 영역에 걸쳐 고도로 세련된 번역을 달성하는 놀라운 일이 가능했던 것은 일본 사회에 그럴만한 역사적 경험과 언어학적 수단, 나아가 지적 능력이 없어서는 안 되기 때문이다.42) 이미 도쿠가와 막부는 나가사키를 대외 문호로 개방하여 네덜란드와 교역·통상하는 등 '네덜란드 중심의 서양문화와 학문' 등을 수용하는 것에 익숙해 있었다. 특히 막부 말기 및 유신 개혁파에 많은 영향을 미친 아라이 하쿠세키, 오규 소라이 등의 난학(蘭學) 연구 자체가 유신 이후 양학을 수용할 수 있는 분위기를 조성한 것에 크게 기여하였다. 이러한 18세기 일본의 지적 상황은 그 시기 일본의 정체성에 대한 자각을 요청했으며, 따라서 번역을 요구하게 된 것이다. 번역은 단지 외국의 개념과 사상을 수용하는 지적 행위가 아니라 그 과정에서 이루어지는 타자와의 대화를 통해 자기 정체성을 자각하는 문화적 실천이기 때문이다.[43]

대체로 일본의 사상가들이 번역하고 있는 서양문명에 대한 개념들은 일본의 전통주의와 새로운 근대주의 관점을 조화시킨 것이라고 할 수 있다. 예를 들면, 동양의 전통적인 노장사상에서 비롯하고 있는 '무위자연(無為自然)'의 철학적 개념과 서구식 자연과학의 실증 개념을 결합하여, 'nature'를 '자연'으로 번역하는 것도 그런 측면의 하나이다. 또한 서양적인 민주 공동체를 언급하였던 'democracy'가 '민본주의'로 번역된 것도 한 예이다.

이는 동양적인 철학 원리가, 서양 언어가 주는 현실 세계를 과학적이고 실증적으로 해석할 수 있는 객관화된 제3의 개념으로 완성한 것이라고 할 수 있다. 즉, 이와 같은 제3의 개념으로서의 번역어가 이후의 일본 사회, 혹은 그와 비슷한 환경에 있는 동양 질서체제가 인정·공유할 수 있는 언어로서 의미를 가지게 되는 것이다.

반면, 한국의 경우 근대 문물을 받아들일 당시의 정세를 보면, 중국을 제외한 모든 국가는 오랑캐라는 중화사상에 사로

잡혀, 서구식 근대화에 대한 정체성을 찾기도 전에 일본이 청일전쟁 이후 동양사회의 강자로 등장하는 과정 속에서 방향을 잃고 갈팡지팡하고 있었다. 이미 일본은 자국에 수용된 스펜서의 '사회진화론'을 중심으로 자본주의 신문명을 개척하고 있었다. 당시 동양사회에서 수용한 사회진화론은 '약육강식 우승열패'라고 하는 서구식 자본주의 문명을 그대로 이식하는 것이었다. 그런 측면에서 사실상 한국의 문명 수용은 주로 후쿠자와 유키치 등 일본의 문명개화론자가 번역한 '사회진화론적 관점'의 자본주의 문명의 경험을 받아들인 것이라고 할 수 있다. 즉, 한국의 서구문명 수용은 사실상 일본의 경험에 의해 이미 걸러진, 다시 말해 일본에 의해 번역된 제2의 서구문명을 이식받은 것이라고 이해할 수 있을 것이다. 이러한 맥락에서 일본의 근대화와 그 번역의 문제는 단순히 타자의 문제점으로 무시할 수 있는 것이 아니며, 오히려 그것은 한국과 일본을 중심으로 한, 근대 이후 동아시아 국가 간의 사상의 연계를 풀어갈 수 있는 열쇠가 될 수 있는 것이다.

이러한 상황에서 실타래처럼 얽혀있는 한국의 근대화를 있는 그대로 정리해 낼 수 있는 길은 일본의 근대어의 성립 과정과 고찰에서 찾을 수 있을 것이다.

메이지기 번역가의 지난한 번역 과정과 그 번역의 역사는, 그들의 노력의 결실을 그냥 쉽게 사용하기만 하는 우리들에게 생각하게 하는 바가 크다고 할 것이다.

그림으로 보는 메이지의 풍경

본 장에서는 근대화되어가는 메이지기 일본의 모습을 그림으로 소개하고자 한다. 이 자료는 프랑스인 화가 비고(Bigo, 1860~1927)가 메이지 15년(1882)부터 18년간 일본에 체류하

노르만톤호 사건.
메이지 19년(1886).

독일 황태자 환영 인파. 메이지 20년(1887) 3월.

면서, 일본인의 생활과 풍습을 주제로 그린 소묘집 『비고소묘집』[44])에서 발췌한 것이다.

메이지 19년(1886) 요코하마의 영국 기선회사의 노르만톤 호가 요코하마에서 고베로 향하던 도중에 바다로 침몰하는 사고가 발생한다. 이 사고로 서양인 승무원 16명은 보트로 긴급 구조되었으나 일본인 승무원 23명은 전원이 사망하게 된다. 이 사건 재판에서 영국의 고베영사재판소는 영국인 선장에게 3개월 형을 언도했을 뿐, 배상의 책임도 묻지 않았다. 이 판결로 일본 여론은 뜨겁게 달아올랐고, 외국과의 불평등 조약의 개정을 요구하는 목소리가 한층 높아졌다.

이토히로부미[伊藤博文]가 외국의 헌법 상황을 조사하기 위해 메이지 15년(1882) 베를린을 방문한 적이 있다. 이후 메이지 정부는 독일 헌법을 따르기로 결정한다. 메이지 정부가 헌법

초안을 검토하기 시작한 메이지 20년(1887) 6월의 바로 직전인, 같은 해 3월에 독일 황태자가 방일하여 대환영을 받는 장면이다. 이 그림은 도쿄 신바시역 근처의 모습을 그리고 있다.

메이지 16년(1883) 11월 동경 고지마치구(麴町区, 현재의 치요다구)에 세워진 록쿠메이간[鹿鳴館]은 정부 주도로 진행되어 온 문명개화 운동의 상징적인 존재였다. 국내외 고급 관리나 귀족들의 사교장으로, 매일 밤 펼쳐지는 파티는 일반 서민에게는 꿈과 같은 세계였다. 입신출세를 원하는 메이지의 청년들은 록쿠메이간으로부터 초대장을 받을 수 있는 신분이 되는 것이 꿈이었을 것이다.

다음 그림에서는 소학교 선생으로 분장한 모리오가이가 학생들이 보는 앞에서 「요미우리신문」 같은 당시의 신문을 불

록쿠메이간의 월요일. 메이지 20년(1887).

태우려 하고, 학생들은 매우 불만스러운 모습으로 이를 바라
보고 있다. 교육과 학문을 국가에 종속시켜야 한다는 모리오
가이의 교육이념에서 생각한다면 정부비판의 원흉이라고도
할 수 있는 신문을 학생들이 읽는 것은 도저히 받아들일 수
없는 일이었던 것이다. 이 그림은 이러한 모리오가이의 문교
정책을 풍자한 것이다.

일본에서는 설날에 설빔을 입는다. 그래서 특히 설날은 사
진관이 가장 혼잡한 날이다. 그림 오른쪽에 다음 순서를 기다
리는 군인들이 구경하고 있는 모습이 보인다. 그들도 설빔을
입고 있다. 그림에서 보듯이 사진을 찍는 사람들 뒤로 배경화
가 있다. 메이지기에는 대부분 커다란 헝겊 천에 후지산, 이세
신궁 같은 명소 사진이나 외국 정원, 서양식 주택의 실내 사진

소학교 선생이 된 모리오가이. 메이지 21년(1888).

사진관은 대성황, 설날 풍경, 메이지 23년(1890).

을 배경으로 사용하였다. 그림의 사진관에서는 설날인데도 후지산 사진을 배경으로 하고 있다.

메이지기의 전보 배달, 메이지 26년(1893).

빠른 속도로 전보를 배달하는 자전거 배달원이다. 자전거 속도는 지나가던 행인의 모자가 벗겨질 정도로 빠르다. 자전거가 전보 배달에 사용되기 시작한 것은 메이지 25년(1892)부터라고 한다. 메이지 26년(1893) 말, 동경에는 10대의 전보배달용 자전거가 있었다고 한다.

하이칼라에 넥타이. 그런 모던한 모습을 했으면서 어딘가

어딘지 촌스러운
메이지기 교사.
메이지 31년(1898).

촌스럽게 보이는 것은 보자기를 등에 짊어진 모습 때문일 것이다. 메이지의 지식인을 대표하는 직업의 하나인 교사로부터, 너무 급격한 근대화로 겉모습은 근대화되었으나 아직도 남아 있는 전통 사회의 일단면을 표현한 이 작품은, 당시 일본의 근대화의 일면을 볼 수 있는 스케치이다.

메이지 초년(1868)에 오사카와 도쿄에 사진관이 출현한다. 메이지 10년과 20년에 걸쳐서 사진의 대중화가 점차 진행된다. 도쿄에서는 아사쿠사[浅草], 긴자[銀座], 구단[九段]과 같은 번화가에 사진관이 생기기 시작한다. 사진 촬영비는 사진사에 따라 다른데, 보통 15전에서 1엔 사이였다. 이 스케치는 아사쿠사공원에서 영업하던 사진관의 정경이다. 가게 앞에서 사진사가 미리 찍은 견본 사진을 보여주며, 촬영을 권유하고 있다.

아사쿠사에서의 사진 촬영. 메이지 32년(1899).

대부분의 일본인은 이렇게 사진관 앞에서 사진이라는 신기술
에 대면하여, 인간의 얼굴이나 신체가 거울처럼 종이 위에 나
타난다는 사실에 놀라움을 나타낸다. 메이지 초기에는 사진을
찍으면 수명이 단축된다는 미신이 나돌기도 했다.

주

1) 국학과 유학 등 일본의 전통사상에서 부국강병을 이루기 위한 과정으로 정한론 등을 주장했다는 점이 전형적인 사례라고 할 수 있다. 그와 동시에 서양의 기술문명과 동양의 전통도덕을 결합하는 화혼양재의 논리조차도 대외침략론으로서의 팽창주의적인 사상을 내포하고 있다. 예를 들면 요시다 쇼인[吉田松陰], 요코이 쇼난[橫井小楠] 등의 화혼양재론적인 논리가 그러하다. 그런데 이와 같은 화혼양재의 대외팽창주의적 논리를 간과하며 그 희생양으로서의 조선침략론을 희석시킨 채 일본 근대화의 발전기반으로 평가하는 것은 재고해야 할 것이다.(「한국 현대교육의 재평가」, 집문당, 1993)

2) '전기적(前期的) 내셔널리즘'은 일본의 근대화, 특히 교육근대화 등을 주제로 하는 연구문헌 속에서 자주 등장하는 개념으로 자본주의적 근대화를 실현하는 맹아로서 근대 이전의 진보적인 국가의식 및 경향 등을 총괄하는 의미를 포함하고 있다.

3) 源了圓,「德川時代における近代思想の形成」, 古田光 外編, 『近代日本社會思想史 I』, 有斐閣, 1968, pp.18-35.

4) 源了圓, 前揭論文, 1968, pp.48-65.

5) 요시다 쇼인 등의 정한론은 주로 대내적인 위기를 방어적인 측면에서 개혁할 것을 구상하는 것이 아니라, 국가 안정을 위한 대외적 '위험요소'인 조선 등에 대해 공세적인 침략 전쟁으로 위기를 극복하자는 논의를 담고 있다. 바로 이 정한론이 이후 메이지 정부의 권력 투쟁의 쟁점으로 작용하고 있으며, 대외 침략의 이론적·합리적인 근거를 마련하게 된다.

6) H. Passin, *Society and Education in Japan*, 1965, pp.1-3.

7) 唐沢富太郎編,「日本の近代化と教育」, 東京:第一法規社, 1976, pp.13-15.

8) '동양도덕 서양예술'은 동양사상의 장점이라고 할 수 있는 도덕성(도덕정신)과 서양문명의 우수성을 대표하는 '과학기술'을 조화롭게 수용하는 방식을 의미한다. 이 개념을 구체적으로 표현·계승한 것이 일본의 도덕을 기본으로 하여 서

양의 과학·기술을 수용한다는 '화혼양재'인 것이며, 한국의
'동도서기(東道西器)'와 중국의 '중체서용(中体西用)'과 일맥
상통하는 근대화의 기본 개념이라고 할 수 있다.

9) 唐沢富太郎編, 前掲書, 1976, pp.45-55.

10) 国民精神文化研究所編,「教育勅語渙発関係資料集」第1巻,
1972, p.3.

11) 教育史編纂会編, 前掲書, p.276.

12) 教育史編纂会編,「明治以降教育制度発達史」第2巻, 龍吟社,
1964, p.230.

13) 海後宗臣編,「元田永孚」, 文教書院, 1955, p.28.

14) 丸山真男,「日本におけるナショナリズム」,『現代政治の思
想と行動』, 未来社, 1992, p.162.

15) 教育史編纂会編,「明治以降教育制度発達史」第2巻, 龍吟社,
1964, pp.150, 165.

16) 夏目瀬石,「現代日本の開化」(和歌山講演, 1901),「瀬石全集」
第14巻, 岩波書店, 1979, pp.272-279.

17) 도쿠가와 막부체제와 화이관(華夷観)을 부정하는 오규 소라
이[生狙徠], 모토오리 노리나가[本居宣長] 등 국학사상과 메
이지 정부와의 개명적인 연계성을 강조한다. 즉, 국제체제의
위기의식 속에서 전통사상과 서양의 실용주의사상이 결합하
는 과정은 일본교육체제의 주체적인 대응자세를 보여주는
것이라고 설명한다. 이와 같은 연구경향은 다음의 문헌이 대
표하고 있다.(唐沢富太郎,「日本の近代化と教育」, 1976; 牧野吉
五郎,「日本近代教育史研究序説」, 津軽書房, 1987; 井上久雄編,
「明治維新教育史」, 吉川弘文館, 1984; 三川輝紀,「近代天皇制と
教育」, 1987; 天野郁夫,「学歴の社会史」, 新潮社, 1992)

18) 일본의 봉건적 막부체제가 1868년 메이지 유신이라는 탈봉
건적인 사회구조로 전환하는 과정이 곧 천황제사상을 완성
하는 것은 아니었다. 그것은 사쓰마·죠슈[薩摩·長州]藩閥로
상징하는 지방하급무사들의 존왕양이이념을 절대주의체제로
환원한 것이라고 할 수 있다.(本山幸彦,「近代日本の政治と
教育」, ミネルバァ書房, 1972 참조)

19) 일본의 문명론, 즉 서구식 공교육구조를 채택하는 기본요소
가 국민적인 통합과정과 직결된다고 할 수 있다. 그래서 국

민적인 교육덕목으로 인의충효(仁義忠孝)와 애국(愛國)이라
는 정신적인 규율체제를 강조한다. 그것이 체제외적인 전환
작용으로서 팽창을 통한 자본주의적인 근대화, 서구식 문명
화 등의 공교육체제를 구축하는 것이다. 교육이 지닌 입신출
세의 수단적 방식이 국가 간의 관계로 확대했다는 관점이기
도 한 것이다.

20) '한쇼구라베죠[蕃書調所]'는 도쿠가와 막부의 최고 신료 양
   성이라는 성격을 지닌 교육기관으로 이후 '가이세이죠[開成
   所]'로 변경되었고, 메이지 정부 이후로는 고급 고등교육기
   관으로서 1877년 이후 문학부 및 법학부 중심의 도쿄제국대
   학의 근원을 이루게 된다.
21) 다이쇼[大正] 이후에는 외래어가 증가되는 현상을 보이고 있
   다.
22) '휴일', '일요일'을 의미하며, 이는 네델란드어 zondag에서 유
   래했다.
23) 영어의 stick에서 온 말로, 메이지 시대에는 단순히 지팡이만
   을 의미하는 것이 아니라, 청년을 비롯한 하이칼라의 사람이
   라면 누구나 애용하는 액세서리였다,
24) 惣鄕正明, 「明治のことば辞典」, 東京堂出版, 1986.
25) 柳父章, 「翻訳語成立事情」, 岩波新書189, 1982.
26) 稲村三泊가 만든 최초의 네덜란드 일본어 사전.
27) 『和蘭字彙』(1855~1858): 桂川甫周가 『波留麻和解』를 계승
   하여 만든 네덜란드 일본어사전.
28) 『英和對譯袖珍辭書』, 1862.
29) 津田左右吉, 『訳語から起きる誤解』, 1956.
30) 『和蘭字彙』(1855~1858), 『英和對譯袖珍辭書』(1862), 『佛語明
   要』(1864).
31) 柳父章, 1982, 전게재.
32) 송민, 「自由의 의미확대」, 『새국어생활』11-1, 2001.
33) 『英和對譯袖珍辭書』(1862) 『佛語明要』(1864).
34) 『英和對譯袖珍辭典』(1862) 『和英語林集成』(1867).
35) 「一身の自由を論ず」 메이지 초기.
36) camera는 寫眞鏡으로 번역되었다.
37) 송민, 「사진과 활동사진, 영화」 『새국어생활』11-2, 2001.

38) 송민, 전게재.
39) 廣田榮太郎, 『近代譯語考』, 東京堂出版, 1969.
40) 송민, 전게재.
41) 楳垣実, 『日本外来語の研究』, 1963.
42) 丸山眞男, 加藤周一, 『飜譯と日本の近代』, 1998.
43) 丸山眞男, 전게재.
44) 水爛編, 『續ビゴー日本素描集』, 岩波文庫556-2, 1992.

참고문헌

__ 한국서

국립국어연구원, 『신소설의 언어 사용 실태 조사』, 국립국어원, 1993.

國史編纂委員會, 『高宗純宗實錄上中下』(1863~1907), 探究堂, 1970.

國史編纂委員會編, 『修信使記錄』(韓國史料叢書9), 國史編纂委員會, 1958.

金綺秀, 『日東記游』(1876), 海行摠載10, 민족문화추진위원회, 1979.

朴戴陽, 『東槎漫錄』(1884), 海行摠載11, 민족문화추진위원회, 1979.

朴英燮, 『開化期國語語彙資料集 1-5』, 도서출판박이정, 1992~ 1997.

沈在箕, 『國語語彙論』, 集文堂, 1990.

俞吉濬, 『西遊見聞』, 俞吉濬全書1권, 一潮閣, 1895.

이혜영·윤종혁 외, 『한국근대학교교육 100년사연구(II)-일제시대의 학교교육』, 한국교육개발원, 1997.

이한섭·최경옥 외, 『西遊見聞 語彙索引』, 박이정출판사, 2000.

임성모 옮김, 『번역과 일본의 근대』, 이산, 2000.

정재걸·이혜영 외, 『한국근대학교교육 100년사연구(I)-개화기의 교육』, 한국교육개발원, 1994.

최경옥, 『韓國 開化期 近代 外來漢字語의 受容 研究』, 제이앤씨, 2003.

한국학문헌연구소, 『韓國開化期教科書叢書』1-20, 亞細亞文化社, 1977.

한국학문헌연구소편, 『新小說 飜案(譯)小說』 1, 韓國開化期文學叢書1, 亞細亞文化社, 1978.

__ 한국서 게재 논문류

송민, 「개화기 신생한자어휘의 계보」, 어문학논총17, 국민대, 1998.

송민, 「국어에 대한 일본어의 간섭」, 국어생활14, 국어연구소, 1998.

송민, 「經濟의 의미개신」, 새국어생활10-1, 국립국어연구원, 2000a.

송민, 「時計의 차용」, 새국어생활10-2, 국립국어연구원, 2000b.

송민, 「生存競爭의 주변」, 새국어생활10-3, 국립국어연구원, 2000c.

송민, 「自由의 의미확대」, 새국어생활 11-1, 국립국어연구원, 2000e.

송민, 「사진과 활동사진, 영화」, 새국어생활11-2, 국립국어원, 2000g.

송민, 「개화기의 신생한자어 연구(1)」, 어문학논총20, 국민대, 2000j.

이한섭, 「西遊見聞에 받아들여진 일본의 한자어에 대하여」, 일본학
　　6, 동국대 일본학연구소, 1987a.

이한섭, 「朴泳孝 상소문에 보이는 근대 일본어 어휘에 대하여」, 인문
　　논총42, 고대문대, 1998a.

최경옥, 「번역한자어의 한국 수용에 대하여」, 일본학보 62집, 2005.

최경옥, 「개화기 외래 번역한자어의 수용」, 일본학보55집, 2003a.

최경옥, 「개화기 외래 번역한자어의 수용」, 일본학보56집, 2003b.

최경옥, 「한국개화기에 있어 일본 번역한자어의 수용과 유입-혈
　　의누를 중심으로」, 일본학보51집, 2002.

최경옥, 「한국에 있어서의 번역한자어의 연구」, 한양학회10집, 2002.

최경옥, 「개화기 번역한자어의 수용과 유입」, 일본어학연구2, 2000.

___ 일본서

廣田榮太郎, 『近代譯語考』, 東京堂出版, 1969.

吉川泰雄, 『近代語誌』, 角川書店, 1977.

鈴木修次, 『日本漢語と中国』, 中公新書626, 1981.

柳父章, 『飜譯語成立事情』, 岩波新書189, 1982.

木坂基, 『近代文章成立の諸相』, 和泉書院, 1988.

福沢諭吉, 『西洋事情』, 尚古堂, 1866.

福沢諭吉, 『世界国尽』, 尚古堂, 1876.

山內洋一郎, 『近代語の成立と展開』, 和泉書院, 1993.

森岡健二, 『近代語の成立-明治期語彙篇』, 明治書院, 1969.

森岡健二編, 『近代語の成立-文體編』, 明治書院, 1991.

杉本つとむ, 『日本語飜訳語史の研究』, 八坂書房, 1983.

松井利彦, 『近代漢語辞書の成立と展開』, 笠間書院, 1990.

佐藤亨, 『明治幕末初期語彙の研究』, 桜楓社, 1986.

佐藤亨, 『近代語の成立』, 桜楓社, 1991.

佐藤喜代治, 『講座 日本語の語彙』 9-11권, 明治書院, 1983.

進藤咲子, 『明治時代語の研究』, 明治書院, 1981.

川村二郎·池内紀, 『翻訳の日本語』, 中公文庫.

槌田滿文, 『明治大正の新語·流行語』, 角川選書63, 1983.

阪倉篤義等, 『講座国語史』(1-6), 大修館書店, 1971.

丸山眞男, 『文明論之概略を読む』, 岩波新書325, 1986.

丸山眞男, 『飜譯と日本の近代』, 岩波書店, 1998.

清水勳編, 『ビゴー日本素描集』, 岩波文庫556-1, 1986.

清水勳編, 『續ビゴー日本素描集』, 岩波文庫556-2, 1992.

__ 사전류

F. C. Ridel, 『한불ᄌ뎐』, 국학자료원 영인판, 1880(1994).

Gale, 『韓英字典』, 국학자료원 영인판, 1897(1992).

Gale, 『韓英字典』(2판), 국학자료원 영인판, 1911(1992).

Gale, 『韓英大字典』(3판), 朝鮮耶蘇敎書會, 1931.

H. G. Underwood, 『한영ᄌ뎐』, Seishi Bunsha(横濱), 1890.

J. C. Hepburn, 『和英語林集成』3판, 復刻板, 講談社學術文庫, 1886.

James Scott, *English-Corean Dictionary*, Church of England Mission Press(서울), 1891.

Jones, 『英韓字典』, 敎文館(日本), 1914.

Lobscheid, 『英華辭典』, 橫濱(東京), 1866~1869.

Underwood, 『영한ᄌ뎐』, 橫濱 須頁德義發行, 1890.

Underwood, 『한영ᄌ뎐』, 橫濱 須頁德義發行, 1890.

柴田昌吉, 『附音插圖英和字彙』, 文學社, 1866.

神田乃武, 『新繹英和辭典』, 三省堂, 1902.

日本国語大辞典刊行會, 『日本国語大辭典』, 小學館(東京), 1979.

諸橋轍次, 『大漢和辭典』, 大修館書店(東京), 1957.

惣郷正明等, 『明治のことば辞典』, 東京堂出版, 1986.

高大民族文化研究所編, 『中韓辭典』, 高大民族化研究所, 1989.

文世榮, 『朝鮮語辭典』, 博文書館, 1938.

미상, 『易言』(언해본, 1884년 간행 추정), 以文社 영인본, 1979.

번역과 일본의 근대

펴낸날	초판 1쇄 2005년 7월 15일
	초판 5쇄 2017년 10월 13일

지은이	**최경옥**
펴낸이	**심만수**
펴낸곳	**(주)살림출판사**
출판등록	1989년 11월 1일 제9-210호

주소	**경기도 파주시 광인사길 30**
전화	031-955-1350 팩스 031-624-1356
홈페이지	http://www.sallimbooks.com
이메일	book@sallimbooks.com

ISBN	978-89-522-0401-1 04080
	978-89-522-0096-9 04080(세트)

122 모든 것을 고객중심으로 바꿔라 eBook

안상헌(국민연금관리공단 CS Leader)

고객중심의 서비스전략을 일상의 모든 부분에 적용해야 한다는 가르침을 주는 책. 나 이외의 모든 사람을 고객으로 보고 서비스가 살아야 우리도 산다는 평범한 진리의 힘을 느끼게 해 준다. 피뢰침의 원칙, 책임공감의 원칙, 감정통제의 원칙, 언어절제의 원칙, 역지사지의 원칙이 사람을 상대하는 5가지 기본 원칙으로 제시된다.

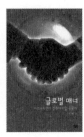

233 글로벌 매너

박한표(대전와인아카데미 원장)

매너는 에티켓과는 다르다. 에티켓이 인간관계를 원활하게 해주는 사회적 불문율로서의 규칙이라면, 매너는 일상생활 속에 에티켓을 적용하는 방식을 말한다. 삶을 잘 사는 방법인 매너의 의미를 설명하고, 글로벌 시대에 우리가 기본적으로 갖추어야 할 국제매너를 구체적으로 소개한 책. 삶의 예술이자 경쟁력인 매너의 핵심 내용을 소개한다.

350 스티브 잡스 eBook

김상훈(동아일보 기자)

스티브 잡스는 시기심과 자기과시, 성공에의 욕망으로 똘똘 뭉친 불완전한 사람이었다. 하지만 동시에 강철 같은 의지로 자신의 불완전함을 극복하고 사회에 가치 있는 일을 하고자 노력했던 위대한 정신의 소유자이기도 하다. 이 책은 스티브 잡스의 삶을 통해 불완전한 우리 자신에 내재된 위대한 본성을 찾아내고자 한다.

352 워렌 버핏 eBook

이민주(한국투자연구소 버핏연구소 소장)

'오마하의 현인'이라고 불리는 워렌 버핏. 그는 일찌감치 자신의 투자 기준을 마련한 후, 금융 일번지 월스트리트가 아닌 자신의 고향 오마하로 와서 본격적인 투자사업을 시작한다. 그의 성공은 성공하는 투자의 출발점은 결국 자기 자신이라는 점을 보여 준다. 워렌 버핏의 삶을 통해 세계 최고의 부자는 어떻게 만들어지는가를 살펴보자.

145 패션과 명품

eBook

이재진(패션 칼럼니스트)

패션 산업과 명품에 대한 이해를 돕는 책. 샤넬, 크리스찬 디올, 아르마니, 베르사체, 버버리, 휴고보스 등 브랜드의 탄생 배경과 명품으로 불리는 까닭을 알려 준다. 이 밖에도 이 책은 사람들이 명품을 찾는 심리는 무엇인지, 유명 브랜드들이 어떤 컨셉과 마케팅 전략을 취하는지 등을 살펴본다.

434 치즈 이야기

eBook

박승용(천안연암대 축산계열 교수)

우리 식문화 속에 다채롭게 자리 잡고 있는 치즈를 여러 각도에서 살펴 본 작은 '치즈 사전'이다. 치즈를 고르고 먹는 데 필요한 아기자기한 상식에서부터 나라별 대표 치즈 소개, 치즈에 대한 오해와 진실, 와인에 어울리는 치즈 선별법까지, 치즈를 이해하는 데 필요한 지식과 정보가 골고루 녹아들었다.

435 면 이야기

eBook

김한송(요리사)

면(국수)은 세계 각국으로 퍼져 나가면서 제각기 다른 형태로 조리법이 바뀌고 각 지역 특유의 색깔이 결합하면서 독특한 문화 형태로 발전했다. 칼국수를 사랑한 대통령에서부터 파스타의 기하학까지, 크고 작은 에피소드에 귀 기울이는 동안 독자들은 면의 또 다른 매력을 발견할 수 있을 것이다.

436 막걸리 이야기

eBook

정은숙(기행작가)

우리 땅 곳곳의 유명 막걸리 양조장과 대폿집을 순례하며 그곳의 풍경과 냄새, 무엇보다 막걸리를 만들고 내오는 이들의 정(情)을 담아내기 위해 애쓴 흔적이 역력하다. 효모 연구가의 단단한 손끝에서 만들어지는 막걸리에서부터 대통령이 애호했던 막걸리, 지역 토박이 부부가 휘휘 저어 건네는 순박한 막걸리까지, 또 여기에 막걸리 제조법과 변천사, 대폿집의 역사까지 아우르고 있다.